Química básica experimental

Dados Internacionais de Catalogação na Publicação (CIP)
(Câmara Brasileira do Livro, SP, Brasil)

Química básica experimental / Diamantino Fernandes Trindade...
[et al.]. – 6ª ed. – São Paulo: Ícone, 2016.
 Outros autores: Fausto Pinto de Oliveira, Gilda Siqueira Lopes Banuth, Jurandyr Gutierrez Bispo.
 Vários colaboradores,
 Bibliografia
 ISBN 978-85-274-1090-8

 1. Química 2. Química – Experiências 3. Química – Laboratórios
I. Trindade, Diamantino Fernandes. II. Oliveira, Fausto Pinto de.
III. Banuth, Gilda Siqueira Lopes. IV. Gutierrez Bispo, Jurandyr.

98-0893   CDD-543

Índices para catálogo sistemático:
1. Química: Experiências   543

DIAMANTINO FERNANDES TRINDADE
FAUSTO PINTO DE OLIVEIRA
GILDA SIQUEIRA LOPES BANUTH
JURANDYR GUTIERREZ BISPO

Química básica experimental

6ª Edição

Brasil – 2016

© Copyright 2016.
Ícone Editora Ltda.

Capa
Roland Matos

Revisão
Gilda Regina Cury
Cioff e Julia A. C. F. Cruz

Ilustrações
Marcos Vuotto e Equipe

Montagem
Anízio de Oliveira

Proibida a reprodução total ou parcial desta obra, de qualquer forma ou meio eletrônico, mecânico, inclusive por meio de processos xerográficos, sem permissão expressa do editor (Lei n° 9.610/98).

Todos os direitos reservados à:
ÍCONE EDITORA LTDA.
Rua Javaés, 589 – Bom Retiro
CEP 01130-010 – São Paulo – SP
Tel./Fax.: (11) 3392-7771
www.iconeeditora.com.br
e-mail: iconevendas@iconeeditora.com.br

A todos os professores de Química, dedicamos este trabalho.

"Não se necessita de um químico que tenha aprendido esta ciência tão-somente lendo livros e sim, um que a tenha compreendido por exercitar-se com dedicação nesta arte."

LOMONÓSOV (Químico Russo).
Uma Palavra Sobre a Utilidade da Química, 1751

Este trabalho não seria viável sem as muitas colaborações que recebemos no decorrer destes anos dedicados não só ao magistério mas também, aos cursos realizados na área experimental de química. Sendo assim, elaboramos uma relação dos colaboradores, pedindo desculpas pelas possíveis falhas de memória.

AGRADECEMOS

Ao Dr. Hugo Rossi, Dr. Milton Damato, Dr. Mário Bruno Capuani, Professor João Soares de Almeida e Professora Lydia Carvalhosa, pela dedicação e seriedade que orientam seu trabalho e pelo apoio ao nosso trabalho nas Faculdades Oswaldo Cruz.

Ao Professor Remo Rinaldi Nadeo, Diretor do Colégio XII de Outubro, por seu idealismo, que sempre permitiu a realização de todos os professores que optaram por cumprir o juramento.

Ao Professor João Ivo Lippi, Diretor da F.F.C.L. de Santo Amaro.

Ao Professor João Cipriano de Freitas, Diretor das Faculdades Farias Brito.

Aos Professores Antonio Mozzeto, Elson Longo da Silva e Mario Tolentino, da Universidade Federal de São Carlos.

AOS PROFESSORES

Antonio dos Santos — Colégio Fernão Dias Pais
Armando Amarantes — Escola Técnica de Cerâmica Armando Arruda Pereira
Edson Albuquerque de Oliveira — F.F.C.L. de Santo Amaro
José Carlos Branco — Colégio Cardeal Mota
Marcio Pugliesi — Faculdades Oswaldo Cruz
Maria Jakab Giusti — F.F.C.L. Oswaldo Cruz
Mary Leda C. V. Serrano — F.F.C.L. Oswaldo Cruz
Nelson dos Santos — Colégio XII de Outubro
Rosy Pires Trindade — Colégio Rainha dos Apóstolos
Victor A. Nehmi — Faculdades Oswaldo Cruz
Walter A. Gomes — Escola Politécnica da USP

AOS TÉCNICOS
DE LABORATÓRIO

Abelardo Pereira
Antonio Marius dos Santos
Arlindo Bianchi
Rubens Fiorillo

PELAS MONTAGENS
DAS APARELHAGENS

Ao nosso aluno Luís Marcelino Serrano pelos esquemas de algumas experiências

ÍNDICE

Prefácio	12
Apresentação	15
Instruções Gerais para o Trabalho no Laboratório. Regras de Segurança	16
Material mais usado em Laboratório	17

EXPERIÊNCIAS

01. Bico de Bunsen. Técnicas de Aquecimento em Laboratório	21
02. Trabalhos com Varas de Vidro	24
03. Medidas de Volumes Aproximadas e Precisas	27
04. Técnicas de Filtração	31
05. Levantamento das Curvas de Aquecimento e Resfriamento de uma Substância Pura	33
06. Ponto de Fusão do Ácido Benzóico	37
07. Determinação da Água de Cristalização do Sulfato Cúprico	39
08. Cristalização	42
09. Determinação da Solubilidade de um Sólido em um Líquido	44
10. Trabalhos Experimentais Propostos para Observações da Ocorrência de Fenômenos Físicos e Químicos	48
11. Densidade	55
12. Ácidos e Bases	58
13. Halogênios	62
14. Óxido-Redução	68
15. Reatividade Química dos Metais	72
16. Redução do Óxido Cúprico por Hidrogênio	76
17. Estudo da Reação entre o Ferro e o Cloreto Cúprico	78
18. Determinação do Equivalente-Grama de um Metal	81
19. Purificação da Água. Destilação	84
20. Pesquisa Qualitativa de Alguns Cátions	87
21. Pesquisa Qualitativa de Alguns Ânions	91
22. Separação Qualitativa dos Cátions do Grupo da Prata: Hg_2^{++}, Pb^{++}, Ag^+	96
23. Hidrogênio e Oxigênio	98
24. Anidrido Sulfuroso (SO_2). Preparação e Propriedades	101
25. Ácido Sulfúrico. Propriedades	104
26. Condutividade Elétrica das Soluções	107

27. Determinação da Massa Molecular do Dióxido de Carbono　　*111*
28. Cinética Química　　*115*
29. Decomposição Catalítica do Peróxido de Hidrogênio　　*117*
30. Equilíbrio Químico: Princípio de Le Chatelier　　*120*
31. Colóides　　*124*
32. Preparação de Soluções de HCl e NaOH　　*128*
33. Volumetria　　*133*
34. Ebuliometria　　*137*
35. Eletrólise Qualitativa do Iodeto de Potássio　　*140*
36. Hidrocarbonetos e Álcoois　　*142*
37. Acetileno. Obtenção e Algumas Propriedades　　*146*
38. Obtenção do Iodofórmio　　*149*
39. Ácido Acético. Algumas Propriedades　　*152*
40. Preparação de uma Resina Alquídica　　*155*
41. Teste de Fehling　　*157*
42. Testes de Tollens. Espelho de Prata　　*159*
43. Preparação do Xarope de Milho　　*161*

APÊNDICES

I. Experiências Complementares　　*163*
1. *Desorganização da Matéria*　　*163*
2. *Fatores que Alteram a Velocidade de uma Reação Química*　　*163*
II. Técnicas de Pesagem　　*164*
III. Fórmulas e Equações Químicas　　*166*
IV. Material de Primeiros Socorros　　*168*
V. Propriedades Específicas de Algumas Substâncias　　*168*
VI. Pressão de Vapor da Água em Diferentes Temperaturas　　*169*
VII. Tabela de Alguns Fatores de Conversão　　*169*
VIII. Solubilidade em Água de Alguns Gases, à 20°C　　*170*
IX. Solubilidade de Alguns Sais　　*170*
X. Preparação de Algumas Soluções　　*171*

Tabela Periódica dos Elementos　　*173*
Referências Bibliográficas　　*174*

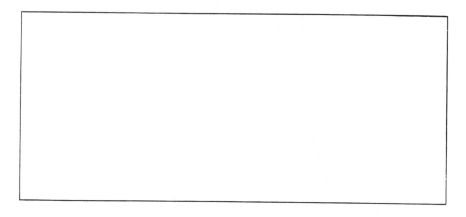

PREFÁCIO

O crescimento de vários cursos nas antigas e novas escolas de 2º e 3º graus implantadas em nosso país e, particularmente, em São Paulo, vem exigindo a atenção geral de todos quantos militam na atividade educacional dos jovens brasileiros, procurando aprimorar, cada vez mais, o ensino nesses níveis, com o objetivo de obter melhoria na aprendizagem do alunato.

Ao lado das outras, a Química é uma ciência exata com progresso tanto em extensão quanto em profundidade, que apresenta um ritmo contínuo de crescimento praticamente difícil de ser acompanhado até por professores e pesquisadores abalizados.

Esse desenvolvimento vem dando à Química um caráter de complexidade que exige dos educadores um esforço considerável para torná-la facilmente acessível e assimilável pelos estudantes em geral.

Entretanto, considerando que a Química além de exata é uma ciência experimental por excelência, muitos obstáculos poderão ser removidos se o ensino teórico for convenientemente acompanhado de experiências no laboratório.

Os livros didáticos para o ensino de Química, editados de um tempo para cá no Brasil, na sua grande maioria para uso em escolas de 2º grau, apresentam, a meu ver, uma falha altamente prejudicial, isto é, *apenas mostram o aspecto teórico da ciência, esquecendo completamente a parte experimental*. Não há dúvida que na teoria, os conceitos, as leis, os princípios fundamentais, a nomenclatura, a Química Inorgânica e Orgânica Descritivas são muito importantes para o aprendizado da ciência, porém, se esse ensino for acompanhado de aulas práticas, o aluno não considerará a Química uma ciência constituída de fatos apenas memorizáveis mas, compreenderá melhor os conceitos e as leis básicas que regem os fenômenos químicos e será estimulado a penetrar cada vez mais no seu estudo. Quiçá, por esse lastimável "esquecimento" (quem sabe, às vezes, até proposital ou por mera conveniência de alguns autores) quantas vocações ficaram frustradas!

Particularmente, lembro-me quando iniciei, na 3ª série do Ginásio em 1935 no Liceu Coração de Jesus em São Paulo, onde para o estudo da Química adotava-se o livro didático *Química* de Arlindo Fróes no qual a cada explanação teórica tinha seqüência, com letras em negrito, de relato experimental simples, com técnicas e equipamentos de laboratório. Todas as semanas íamos ao laboratório do colégio e a classe mostrava interesse pelo estudo da Ciência Química. Esse livro ainda hoje consta da minha biblioteca porque foi ele que ajudou a despertar minha vocação pela belíssima profissão que abracei, a tal ponto que, se hoje tivesse que recomeçar minha vida novamente seguiria o mesmo caminho.

Hoje em dia, não somente a maioria de livros didáticos negligencia completamente a parte experimental como também, grande parte dos direitos de escolas médias dificulta ao máximo o ensino prático alegando falta de verbas e de espaço para laboratório na escola, falta de tempo e até o absurdo de considerar a periculosidade das experiências (explosões, gases venenosos etc.). Mas, há os que não se incluem nessa listagem. Há felizmente, muitos professores e diretores que enxergam a importância da experiência e, abnegadamente, com muito esforço e muita imaginação conseguem realizar práticas simples e demonstrativas dos fenômenos químicos e, nesses casos, suas aulas são aplaudidas pelo alunos.

Quero agradecer aos meus queridos ex-alunos Gilda Siqueira Lopes Banuth, Jurandyr Gutierrez Bispo, Diamantino Fernandes Trindade e Fausto Pinto de Oliveira pelo quanto me distinguiram, convidando-me para prefaciar o livro que escreveram e intitularam *Química Básica Experimental.*

Estes professores foram meus alunos na *Escola Técnica Oswaldo Cruz* (somente Gilda e Jurandyr) e depois na *Faculdade de Filosofia Ciências e Letras Oswaldo Cruz* onde (agora todos eles) concluíram o seu Bacharelado em Química e saíram para se dedicarem ao magistério secundário, principalmente, na *Escola Técnica Oswaldo Cruz* e no *Colégio XII de Outubro,* onde sempre com o apoio da direção puderam desenvolver o ensino experimental da Química. Posteriormente, esses mesmos professores passaram a ministrar aulas práticas de Química Geral e Inorgânica em cursos de 3º grau, quer das *Faculdades Oswaldo Cruz,* assim como de várias unidades da *Organização Santamarense de Ensino-OSEC.* Após dez anos de contínuo e dedicado trabalho nessa área, sentindo de perto a falta de textos para aulas práticas de química, elaboraram esta obra.

Com base nos preceitos modernos do ensino, esse livro didático apresenta 43 práticas de laboratório constituídas de experiências sobre Química Geral e Inorgânica, Química Analítica e Química Orgânica, todas elas seguindo a mesma metodologia, isto é, objetivo do experimento, introdução teórica, descrição do aparelhamento, segundo esquema indicativo, procedimento do trabalho, relação de materiais a serem usados, rendimentos práticos, e questionário de recapitulação e avaliação de aprendizado.

Além da parte experimental, o livro tem capítulos dedicados a *Normas de Segurança para Trabalhos de Laboratório,* e em caso de acidente *Atendimentos e Primeiros Socorros, Técnicas Básicas para Trabalho com Vidros, Nomenclatura para Equipamentos de Vidro, Porcelana e Metais,* assim como *Montagens de Aparelhos dos Esquemas das Experiências.*

O livro é completado com uma compilação de tabelas específicas e das principais grandezas e suas respectivas unidades de medidas.

As experiências são clássicas e básicas para o ensino da Química. Para aqueles que desejarem maiores detalhes e mais extensão em número de experiências os autores prepararam uma valiosa bibliografia.

Aos meus amigos Gilda, Jurandyr, Diamantino e Fausto, os parabéns e os melhores votos de sucesso, lhes deseja seu velho mestre que se sente feliz pela realização profissional de seus ex-alunos.

Engenheiro Químico MÁRIO BRUNO CAPUANI
Diretor da Escola Superior de Química Oswaldo Cruz.

APRESENTAÇÃO

Após vários anos de trabalho como professores de Química em diversas escolas, tanto de 2º grau como de 3º grau, resolvemos escrever o livro de *Química Básica Experimental*, constituído por um elenco de experiências clássicas sobre assuntos básicos de Química, suficiente para compor diferentes cursos.

Inicialmente apresentamos uma série de instruções para o trabalho no laboratório, regras de segurança etc.; a seguir as experiências sobre técnicas de trabalho em laboratório e posteriormente, as experiências clássicas que nos permitem a observação experimental da ocorrência de fenômenos físicos e químicos e a comprovação de algumas leis fundamentais. Nesta parte procuramos enfatizar o aspecto experimental propriamente dito, pois considerando que um trabalho de laboratório deve estabelecer a relação entre a Química Teórica e Química Prática, por meio de experimentos que envolvem idéias e conceitos discutidos em aula, deixamos de nos alongar em conceitos teóricos.

Na parte final do livro apresentamos uma série de apêndices contendo tabelas de constantes físicas que eventualmente, serão usadas nas nossas experiências, preparação das soluções usadas neste livro, fórmulas e reações químicas, técnicas de pesagem e duas experiências complementares.

Solicitamos aos amigos professores que nos enviem a análise crítica do conteúdo deste livro, preenchendo a ficha que segue em anexo, oferecendo sugestões para a elaboração de um próximo volume.

_____ Os autores

INSTRUÇÕES GERAIS PARA O TRABALHO NO LABORATÓRIO. REGRAS DE SEGURANÇA

1. O laboratório é um lugar de trabalho sério. Trabalhe com atenção, método e calma.

2. Prepare-se para realizar cada experiência, lendo antes os conceitos referentes ao experimento e a seguir, leia o roteiro da experiência.

3. Respeite rigorosamente as precauções recomendadas.

4. Consulte seu professor cada vez que notar algo anormal ou imprevisto.

5. Use um avental apropriado.

6. Não fume no laboratório.

7. Faça apenas as experiências indicadas pelo professor. Experiências não autorizadas são proibidas.

8. Se algum ácido ou qualquer outro produto químico for derramado, lave o local imediatamente com bastante água.

9. Não tocar os produtos químicos com as mãos, a menos que o seu professor lhe diga que pode fazê-lo.

10. Nunca prove uma droga ou solução.

11. Para sentir o odor de uma substância, não coloque seu rosto diretamente sobre o recipiente. Em vez disso, com sua mão, traga um pouco de vapor até o nariz.

12. Não deixe vidro quente em lugar em que possam pegá-lo inadvertidamente. Deixe qualquer peça de vidro quente esfriar durante bastante tempo. Lembre-se de que o vidro quente tem a mesma aparência do vidro frio.

13. Só deixe sobre a mesa, bico de Bunsen aceso quando estiver sendo utilizado.

14. Tenha cuidado com reagentes inflamáveis, não os manipule em presença de fogo.

15. Quando terminar o seu trabalho, feche com cuidado as torneiras de gás, evitando escapamento.

16. Não trabalhe com material imperfeito.

17. Observe com atenção as técnicas de aquecimento de líquidos.

18. Utilize sempre que necessário materiais que possam garantir maior segurança no trabalho, tais como: pinça, luvas, óculos etc.

19. Comunique ao seu professor qualquer acidente, por menor que seja.

20. Jogue todos os sólidos e pedaços de papel usados num frasco ou cesto para isso destinados. Nunca jogue nas pias, fósforos, papel de filtro, ou qualquer sólido ainda que ligeiramente solúvel.

21. Leia com atenção o rótulo de qualquer frasco de reagente antes de usá-lo. Leia duas vezes para ter certeza de que pegou o frasco certo. Segure o frasco pelo lado que contém o rótulo para evitar que o reagente escorra sobre este.

22. Nunca torne a colocar no frasco uma droga não usada. Não coloque objeto algum nos frascos de reagentes, exceto o conta-gotas próprio de que alguns deles são providos.

23. Conserve limpo seu equipamento e sua mesa. Evite derramar líquidos, mas, se o fizer, lave imediatamente o local.

24. Ao término do período de laboratório, lave o material utilizado e deixe-o na ordem em que encontrou no início da aula.

MATERIAIS MAIS USADOS EM LABORATÓRIO

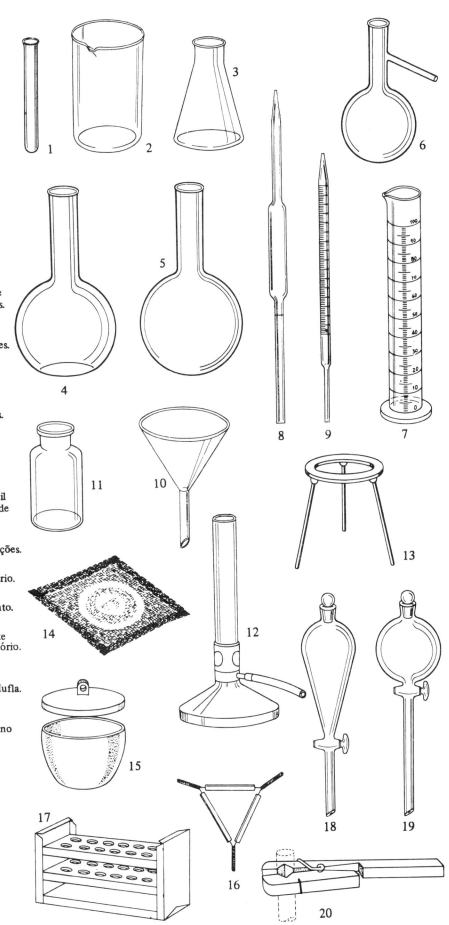

1. *Tubo de Ensaio:*
Usado em reações químicas, principalmente testes de reação.

2. *Copo de Becker:*
Usado para aquecimento de líquidos, reações de precipitação etc.

3. *Erlenmeyer:*
Usado para titulações e aquecimento de líquidos.

4. *Balão de Fundo Chato:*
Usado para aquecimentos e armazenamento de líquidos.

5. *Balão de Fundo Redondo:*
Usado para aquecimento de líquidos e reações com desprendimento de gases.

6. *Balão de Destilação:*
Usado em destilações. Possui saída lateral para a condensação dos vapores.

7. *Proveta ou Cilindro Graduado:*
Usado para medidas aproximadas de volumes de líquidos.

8. *Pipeta Volumétrica:*
Para medir volumes fixos de líquidos.

9. *Pipeta Cilíndrica:*
Usada para medir volumes variáveis de líquidos.

10. *Funil de Vidro:*
Usado em transferências de líquidos e em filtrações de laboratório. O funil com colo longo e estrias é chamado de funil analítico.

11. *Frasco de Reagentes:*
Usado para o armazenamento de soluções.

12. *Bico de Bunsen:*
Usado em aquecimentos de laboratório.

13. *Tripé de Ferro:*
Usado para sustentar a tela de amianto.

14. *Tela de Amianto:*
Usada para distribuir uniformemente o calor em aquecimentos de laboratório.

15. *Cadinho de Porcelana:*
Usado para aquecimentos à seco (calcinações) no bico de Bunsen e Mufla.

16. *Triângulo de Porcelana:*
Usado para sustentar cadinhos de porcelana em aquecimentos diretos no bico de Bunsen.

17. *Estante para Tubos de Ensaio:*
Suporte de tubos de ensaio.

18-19. *Funis de Decantação:*
Usados para separação de líquidos imiscíveis.

20. *Pinça de Madeira:*
Usada para segurar tubos de ensaio durante aquecimentos diretos no bico de Bunsen.

17

21. *Almofariz e Pistilo:*
Usados para triturar e pulverizar sólidos.

22. *Cuba de Vidro:*
Usada para banhos de gelo e fins diversos.

23. *Vidro de Relógio:*
Usado para cobrir beckers em evaporações, pesagens e fins diversos.

24. *Cápsula de Porcelana:*
Usada para evaporar líquidos em soluções.

25. *Placa de Petri:*
Usada para fins diversos.

26. *Dessecador:*
Usado para resfriar substâncias em ausência de umidade.

27. *Pesa-Filtros:*
Usado para pesagem de sólidos.

28. *Lima Triangular:*
Usada para cortes de vidros.

29. *Bureta:*
Usada para medidas precisas de líquidos. Usada em analises volumétricas.

30. *Frasco Lavador:*
Usado para lavagens, remoção de precipitados e outros fins.

31. *Pisseta:*
Usada para os mesmos fins do frasco lavador.

32. *Balão Volumétrico:*
Usado para preparar e diluir soluções.

33. *Picnômetro:*
Usado para determinar a densidade de líquidos.

34. *Suporte Universal:*
35. *Anel para Funil:*
36. *Mufa:*
37. *Garra Metálica:*
Usados em filtrações, sustentação de peças, tais como condensador, funil de decantação e outros fins.

38-39. *Kitassato e Funil de Buchner:*
Usados em conjunto para filtrações a vácuo.

40. *Trompa de Vácuo:*
Usada em conjunto com o kitassato e o funil de Buchner.

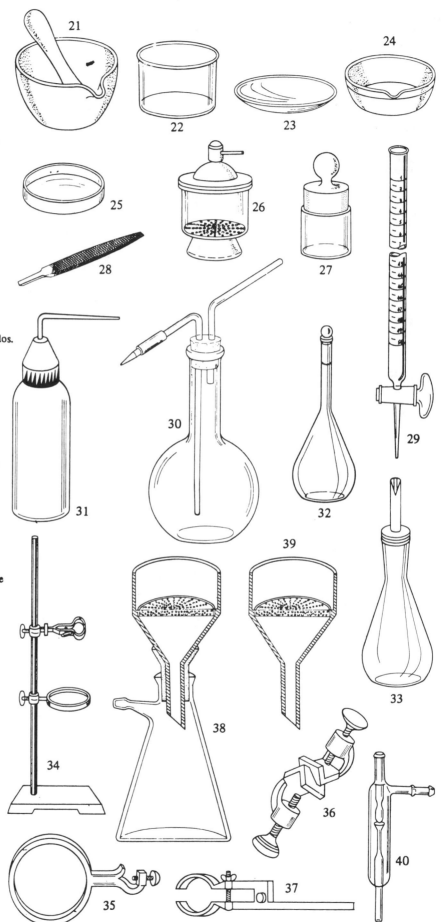

18

41. *Termômetro:*
Usado para medidas de temperaturas.

42. *Vara de Vidro:*
Usada para montagens de aparelhos, interligações e outros fins.

43. *Bagueta ou Bastão de Vidro:*
Usada para agitar soluções, transporte de líquidos na filtração e outros fins.

44. *Furador de Rolhas:*
Usado para furagem de rolhas.

45. *Kipp:*
Usado para a produção de gases, tais como H_2S, CO_2 etc.

46. *Tubo em U:*
Usado, geralmente, em eletrólise.

47. *Pinça Metálica Casteloy:*
Usada para transporte de cadinhos e outros fins.

48. *Escovas de Limpeza:*
Usadas para limpeza de tubos de ensaio e outros materiais.

49-50. *Pinça de Mohr e Pinça de Hoffman:*
Usadas para impedir ou diminuir fluxos gasosos.

51. *Garra para Condensador:*
Usada para sustentar condensadores na destilação.

52-53-54. *Condensadores:*
Usados para condensar os gases ou vapores na destilação.

55-56. *Espátulas:*
Usadas para transferência de substâncias sólidas.

57. *Estufa:*
Usada para secagem de materiais (até 200ºC).

58. *Mufla:*
Usada para calcinações (até 1500ºC).

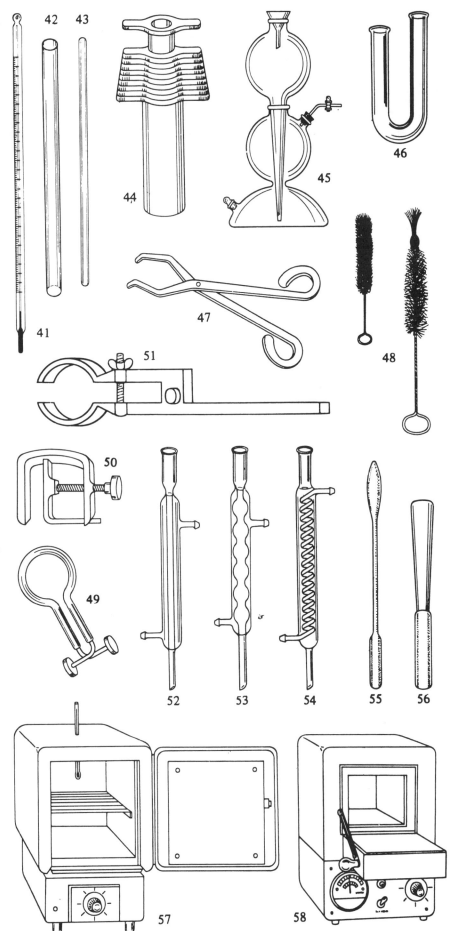

19

1 BICO DE BUNSEN. TÉCNICAS DE AQUECIMENTO EM LABORATÓRIO

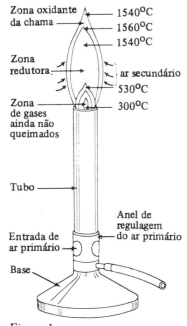

Figura 1a
Queimador de gás (Bico de Bunsen)

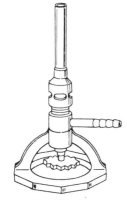

Figura 1b — *Bico Tirril*

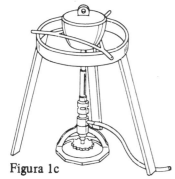

Figura 1c
Calcinação em Cadinho de Porcelana

EXPERIÊNCIA N? 01

I. OBJETIVOS

Aprender a utilizar o bico de Bunsen.
Aprender técnicas de aquecimento em laboratório.

II. INTRODUÇÃO TEÓRICA

Uma grande parte dos aquecimentos feitos em laboratório são efetuados utilizando-se queimadores de gases combustíveis, sendo mais comumente usado o bico de BUNSEN, esquematizado na (Figura 1a).

O gás combustível é geralmente, o gás de rua ou o G.L.P. (gás liquefeito de petróleo). O comburente, via de regra, é o ar atmosférico.

Como se vê na Figura 1a, com o anel de ar primário parcialmente fechado, distinguimos três zonas de chama:

a) *Zona Externa:* Violeta pálida, quase invisível, onde os gases francamente expostos ao ar sofrem combustão completa, resultando CO_2 e H_2O. Esta zona é chamada de **zona oxidante**.

b) *Zona Intermediária:* Luminosa, caracterizada por combustão incompleta, por deficiência do suprimento de O_2. O carbono forma CO (monóxido de carbono) o qual decompõe-se pelo calor, resultando diminutas partículas de C (carbono) que, incandescentes dão luminosidade à chama. Esta zona é chamada de **zona redutora**.

c) *Zona Interna:* Limitada por uma "casca" azulada, contendo os gases que ainda não sofreram combustão **mistura carburante**.

Dependendo do ponto da chama, a temperatura varia, podendo atingir 1560 °C.

Abrindo-se o registro de ar, dá-se entrada de suficiente quantidade de O_2 (do ar), dando-se na região intermediária combustão mais acentuada dos gases, formando, além do CO, uma maior quantidade de CO_2 e H_2O, tornando assim a chama quase invisível.

As reações químicas básicas da combustão, uma vez que as substâncias são compostas de C e H, são:

$2 H_2 + O_2$ (ar) $\longrightarrow 2 H_2O$
$2 C + O_2$ (ar) $\longrightarrow 2 CO$
$2 CO + O_2$ (ar) $\longrightarrow 2 CO_2$

O bico de Bunsen é usado para a quase totalidade de aquecimentos efetuados em laboratório, desde os de misturas ou soluções de alguns graus acima da temperatura ambiente, até calcinações que exigem temperaturas de 600 °C dentro de cadinhos. Há um tipo aperfeiçoado (na regulagem do ar), denominado bico TIRRIL, que produz temperaturas dentro de cadinhos de porcelana com tampa, na ordem de 700°C (Figura 1b + 1c).

Procedimentos mais avançados de laboratório podem requerer mantas com aquecimento elétrico, chapas elétricas, banhos aquecidos eletricamente, maçaricos oxiacetilênicos, fornos elétricos e outros.

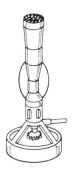

Figura 1d
Bico Mecker

Calcinações com MECKER atingem 750 a 850°C dentro de cadinhos de porcelana (Figura 1d).

Para aquecerem-se copos de Becker, Erlenmeyer, balões etc., não devemos usar diretamente o bico de Bunsen. Estes aquecimentos são feitos através da tela de amianto, cuja função é deixar passar o calor uniformemente e não permitir que passe a chama.

Os tubos de ensaio com líquidos podem ser aquecidos diretamente na chama do bico de Bunsen. A chama deve ser média e o tubo deve estar seco por fora, para evitar que se quebre ao aquecer-se. O tubo deve ficar virado para a parede ou numa direção em que não se encontre ninguém, pois é comum, aos operadores sem prática, deixar que repentinamente o líquido quente salte fora do tubo, o que pode ocasionar queimaduras. O tubo é seguro próximo de sua boca, pela pinça de madeira e agitando-se brandamente, para evitar superaquecimento do líquido.

III. MATERIAL E REAGENTES

Bico de Bunsen
Bico Tirril (opcional)
Bico Mecker (opcional)
Tripé de ferro
Tela de amianto
Suporte universal
Anel de ferro
Mufa
Pinça metálica Casteloy
Becker de 300 ml
Sulfato de cobre penta hidratado — $CuSO_4 \cdot 5 H_2O$
Cadinho de porcelana com tampa
Termômetro

IV. PROCEDIMENTO EXPERIMENTAL

1. *Uso do Bico de Bunsen*

1.2. Abrir a torneira de gás e acender o bico. Observar a combustão incompleta do gás (chama amarelada).
1.3. Abrir gradativamente as janelas do bico. Observar as modificações correspondentes sofridas pela chama.
1.4. Fechar as janelas e diminuir a chama pela torneira de gás.
1.5. Colocar a ponta de um palito de fósforo na zona oxidante e observar a sua rápida inflamação.
1.6. Colocar e retirar rapidamente, na chama do bico, um palito de fósforo, de maneira que este atravesse a zona oxidante e a zona redutora. Observar que somente é queimada a parte do palito que esteve na zona oxidante.
1.7. Fechar a entrada de ar primário.
1.8. Fechar a torneira de gás.

2. *Aquecimento de líquidos no copo de Becker*

2.1. Colocar cerca de 100 ml de água no copo de Becker.
2.2 Colocar o Becker na tela de amianto, suportada pelo anel de ferro ou tripé de ferro (Figura 1e).
2.3. Aquecer o Becker com a chama forte do bico de Bunsen (janelas abertas e torneira de gás totalmente aberta). Observar a ebulição da água.
Anotar a temperatura de ebulição da água. t = _ _ _ _ _ _ °C.
2.4. Apagar o bico de Bunsen.

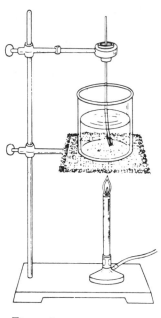

Figura 1e

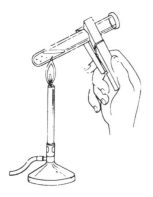

Figura 1f

3. *Aquecimento de líquidos no tubo de ensaio*

3.1 Colocar cerca de 4 mℓ de água em tubo de ensaio.
3.2. Segurar o tubo, próximo à boca, com pinça de madeira.
3.3. Aquecer a água, na chama média do bico de Bunsen (torneira de gás aberta pela metade e janelas abertas pela metade), com o tubo voltado para a parede, com inclinação de cerca de 45° e com pequena agitação, até a ebulição da água. (Figura 1f).
3.4. Retirar o tubo do fogo.

4. *Calcinação*

4.1. Colocar uma pequena porção de sulfato cúprico penta hidratado (pulverizado) num cadinho de porcelana, adaptado num triângulo de porcelana.(Vide Figura 1c, na página 21.)
4.2. Aquecer com a chama forte o bico Tirril ou Mecker.
4.3. Observar depois de alguns minutos o óxido de cobre formado.

Qual a cor do sulfato cúprico penta hidratado? _____

Qual a cor do óxido de cobre formado? _____

V. QUESTIONÁRIO SOBRE A VERIFICAÇÃO EXPERIMENTAL

1. Por que apenas a parte do palito que esteve na zona oxidante queimou?
2. Pesquisar a respeito da composição do gás de rua e do G.L.P. (gás liquefeito de petróleo).
3. Qual a função da tela de amianto?
4. Por que o aquecimento dos líquidos, em tubos de ensaio, deve ser feito na superfície dos líquidos?

Anotações:

2   TRABALHOS COM VARAS DE VIDRO

EXPERIÊNCIA Nº 02

I. OBJETIVOS

Adquirir habilidade de trabalhar com varas de vidro para montagem de aparelhos de laboratório.

II. INTRODUÇÃO TEÓRICA

A interligação entre peças diferentes de uma aparelhagem a ser montada é feita com o auxílio de mangueiras de látex, quando é exigida flexibilidade, e com vidros quando se necessita de rigidez e inércia química.

As operações mais freqüentes com vidro e uma técnica correta de trabalho são relatadas nesta experiência. Devemos lembrar que em todas deve-se tomar cuidados e uma atenção especial afim de evitar queimaduras nas operações com aquecimento e eventuais cortes nas mãos, devido a quebras acidentais. É necessário, portanto nesta experiência, ter à mão os materiais de primeiros socorros.

III. MATERIAL E REAGENTES

Bico de Bunsen
Borboleta ou leque
Varas de vidro (vários diâmetros)
Lima triangular
Tela de amianto
Rolhas de cortiça e borracha
Pano grosso
Glicerina
Jogo de furadores de rolhas
Balão de fundo redondo
Vidro de relógio
Solução 0,05 M de permanganato de potássio — $KMnO_4$

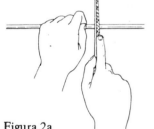

Figura 2a

IV. PROCEDIMENTO EXPERIMENTAL

1. *Corte do vidro*

1.1. Produzir um leve arranhão com uma lima triangular no ponto que se quer cortá-lo (Figura 2a).
1.2. Segurar o pedaço do vidro, com as mãos envoltas por um pano grosso e com os polegares exercer pressão para o lado oposto à parte arranhada (Figura 2b).

Observação: Cortar um pedaço de vidro de aproximadamente 20 cm.

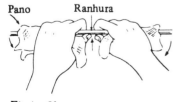

Figura 2b

2. *Polimento das bordas do vidro*

2.1. As extremidades de um pedaço de vidro que foi cortado são geralmente, muito afiadas e podem produzir cortes ou estragar as rolhas. Por isso, devem ser polidas no fogo antes de serem usadas.

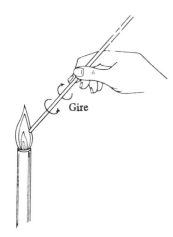

Figura 2c

Polimento das Extremidades

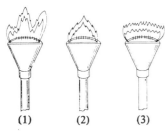

(1)   (2)   (3)

Figura 2d

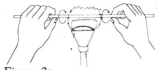

Figura 2e

Figura 2f

Figura 2g

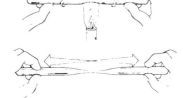

Figura 2h

Figura 2i

2.2 Manter o pedaço de vidro numa posição quase vertical, ficando a extremidade não polida na zona mais quente do bico de Bunsen.

2.3. Para que o aquecimento seja uniforme, deve-se girar o pedaço de vidro. Assim o vidro irá fundir e polir-se lentamente.

2.4. Após essa operação, colocar o vidro quente sobre uma tela de amianto até esfriar completamente.

3. Curvatura do vidro

3.1. Para dobrar-se o vidro, deve-se adaptar ao bico de Bunsen, uma peça chamada borboleta ou leque e a mistura gás-ar deve ser ajustada de modo a fornecer uma chama quente com os dois cones. A borboleta deve estar em condições de fornecer uma chama uniforme. A Figura 2d mostra a borboleta adaptada ao bico de Bunsen, sendo que as duas primeiras não fornecem uma chama adequada e a última mostra como deve ser a chama a ser utilizada.

3.2. O pedaço da vara de vidro deve ser mantido numa posição horizontal sobre a zona mais quente da chama.

3.3. Girar a vara continuamente com as duas mãos de maneira uniforme (Figura 2e).

3.4. Quando a vara estiver suficientemente mole para ser trabalhada, no momento em que começa a deformar por causa de seu próprio peso, deve ser removida da chama e rapidamente dobrada no ângulo ou na forma desejada. Para isso exerce-se pressão nas extremidades da vara dirigindo-se para cima (Figura 2f).

3.5. Uma curvatura bem feita deve ser suave e a vara deve manter o mesmo diâmetro em toda a sua extensão. A Figura 2g mostra uma curvatura bem feita e duas curvaturas mal feitas.

4. Tubos capilares

4.1. Os tubos capilares são tubos de diâmetro reduzido e podem ser obtidos pela distensão das varas de vidro.

4.2. Segurar a vara de vidro e introduzi-la na chama mais quente do bico, sem borboleta.

4.3. Girar a vara de vidro continuamente na região quente do bico de Bunsen (Figura 2h).

4.4. Retirar a vara de vidro do fogo, quando esta estiver bastante mole, e distendê-la como se estivesse abrindo os braços (Figura 2h).

4.5. Deixar esfriar e cortar o capilar.

4.6. Observar a capilaridade do tubo confeccionado, colocando uma das extremidades num vidro de relógio contendo solução de $KMnO_4$.

Por que o $KMnO_4$ sobe pelo tubo capilar?

_____
_____
_____
_____
_____
_____

4.7. Para a confecção de um conta-gotas, corta-se uma das extremidades do capilar (Figura 2i).

5. Furagem de rolhas

5.1. Colocar a rolha de borracha ou cortiça sobre a bancada, com a base maior voltada para baixo.

5.2. Girar o furador de rolhas com movimentos circulares, até perfurar toda a rolha. Figura 2j na página seguinte.

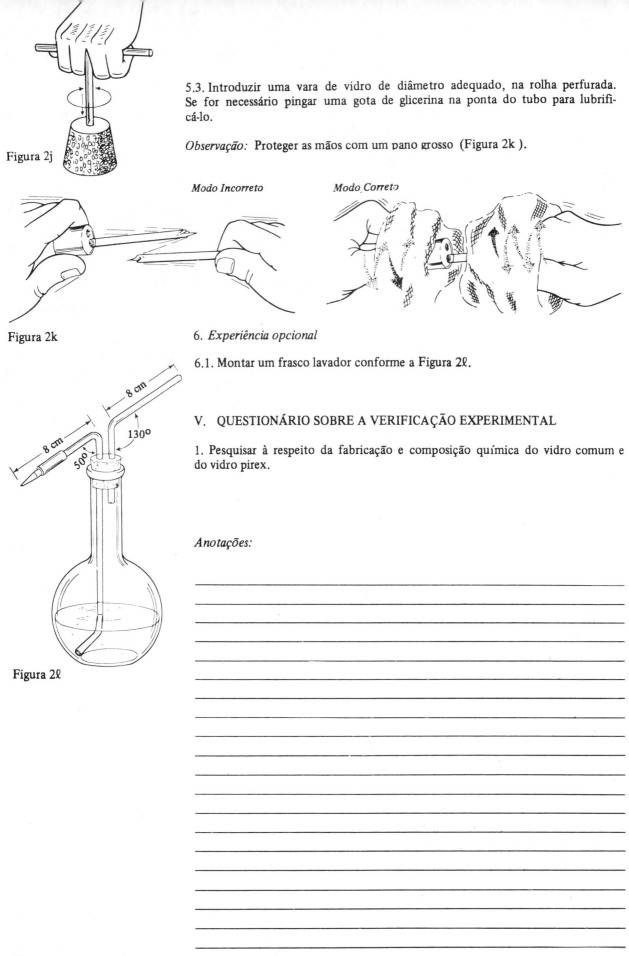

Figura 2j

5.3. Introduzir uma vara de vidro de diâmetro adequado, na rolha perfurada. Se for necessário pingar uma gota de glicerina na ponta do tubo para lubrificá-lo.

Observação: Proteger as mãos com um pano grosso (Figura 2k).

Modo Incorreto   *Modo Correto*

Figura 2k

6. *Experiência opcional*

6.1. Montar um frasco lavador conforme a Figura 2ℓ.

V. QUESTIONÁRIO SOBRE A VERIFICAÇÃO EXPERIMENTAL

1. Pesquisar à respeito da fabricação e composição química do vidro comum e do vidro pirex.

Figura 2ℓ

Anotações:

3   MEDIDAS DE VOLUMES APROXIMADAS E PRECISAS

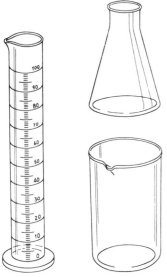

Figura 3a
Aparelhos de medidas aproximadas

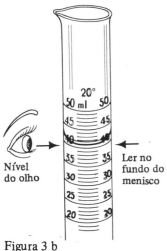

Figura 3 b
Leitura de um líquido claro

Figura 3c
Balão volumétrico

EXPERIÊNCIA Nº 03

I. OBJETIVOS

Conhecer equipamentos e técnicas de medidas de volume em laboratório.

II. INTRODUÇÃO TEÓRICA

Em trabalhos de laboratório, as medidas de volume aproximadas são efetuadas na quase totalidade dos casos com provetas graduadas, cálices graduados e de modo muito grosseiro, com Beckers com escala e, as medidas volumétricas chamadas precisas, com aparelhos volumétricos (Figura 3a).

APARELHOS VOLUMÉTRICOS: A prática de análise volumétrica requer a medida de volumes líquidos com elevada precisão. Para efetuar tais medidas são empregados vários tipos de aparelhos, que podem ser classificados em duas categorias:

a) Aparelhos calibrados para dar escoamento a determinados volumes.
b) Aparelhos calibrados para conter um volume líquido.

Na primeira classe estão contidas as pipetas e as buretas e, na segunda, estão incluídos os balões volumétricos.

A medida de volumes líquidos com qualquer dos referidos aparelhos está sujeita a uma série de erros devidos às seguintes causas:

a) Ação da tensão superficial sobre superfícies líquidas.
b) Dilatações e contrações provocadas pelas variações de temperatura.
c) Imperfeita calibração dos aparelhos volumétricos.
d) Erros de paralaxe.

A leitura de volumes de líquidos claros deve ser feita pela parte inferior e a de líquidos escuros pela parte superior (Figura 3b).

1. *Balões Volumétricos:* Os balões volumétricos são balões de fundo chato e gargalo comprido calibrados para conter determinados volumes líquidos (Fig 3c).

Os balões volumétricos são providos de rolhas esmerilhadas. O traço de referência marcando o volume pelo qual o balão volumétrico foi calibrado é gravado sobre a meia-altura do gargalo. A distância entre o traço de referência e a boca do gargalo deve ser relativamente grande para permitir a fácil agitação do líquido, quando, depois de completado o volume até a marca, se tem de homogeneizar uma solução. Assim, o ajustamento do menisco ao traço de referência poderá ser feito com maior precisão. O traço de referência é gravado sob a forma de uma linha circular, de sorte que, por ocasião da observação, o plano tangente à superfície inferior do menisco tem que coincidir com o plano do círculo de referência.

Os balões volumétricos são construídos para conter volumes diversos; os mais usados são os de 50, 100, 200, 500, 1000 e 2000 mℓ.

Os balões volumétricos são especialmente usados na preparação de soluções de concentração conhecida.

2. *Pipetas:* Existem duas espécies de pipetas

a) *Pipetas Volumétricas* ou de Transferência, construídas para dar escoamento a um determinado volume líquido.

b) *Pipetas Graduadas* ou Cilíndricas, que servem para livrar volumes variáveis de líquidos.

Figura 3d – *Pipetas*
(1) Pipeta volumétrica
(2) Pipeta graduada

Figura 3e
Sucção de um líquido com pêra de borracha

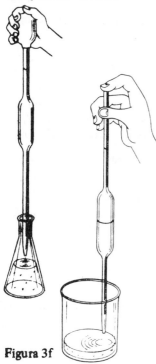

Figura 3f
Escoamento de um líquido

As pipetas volumétricas são constituídas por um tubo de vidro com um bulbo na parte central. O traço de referência é gravado na parte do tubo acima do bulbo. A extremidade inferior é afilada e o orifício deve ser ajustado de modo que o escoamento não se processe rápido demais, o que faria com que pequenas diferenças de tempo de escoamento ocasionassem erros apreciáveis. As pipetas volumétricas são construídas com as capacidades de 1, 2, 5, 10, 20, 50, 100 e 200 mℓ, sendo de uso mais freqüente as de 25 e 50 mℓ.

As pipetas graduadas consistem de um tubo de vidro estreito e, geralmente graduadas em 0,1 mℓ. São usadas para medir pequenos volumes líquidos. Encontram pouca aplicação sempre que se deve medir volumes líquidos com elevada precisão.

Para se encher uma pipeta, coloca-se a ponta no líquido e faz-se sucção com a boca sem que caia saliva na pipeta. Deve-se ter o cuidado de manter a ponta da mesma sempre abaixo do nível da solução ou líquido. Caso contrário, ao se fazer a sucção, o líquido alcança a pêra de borracha ou a boca.

A sucção deve ser feita até o líquido ultrapassar o traço de referência. Feito isto, tapa-se a pipeta com o dedo indicador (ligeiramente úmido) e deixa-se escoar o líquido lentamente até o traço de referência (zero). O ajustamento deve ser feito de maneira a evitar erros de paralaxe. Vide Figura 3b, na página anterior.

Os líquidos que desprendem vapores tóxicos e os líquidos corrosivos, devem ser introduzidos na pipeta através de sucção com pêra de borracha.

Para escoar os líquidos, deve-se colocar a pipeta na posição vertical, com a ponta encostada na parede do recipiente que vai receber o líquido; levanta-se o dedo indicador até que o líquido escoe totalmente. Espera-se 15 ou 20 segundos e retira-se a gota aderida à ponta da pipeta. *Não se deve soprar uma pipeta.* (Figura 3e + 3f).

As pipetas podem ser colocadas em suportes especiais. (Figura 3g).

3. *Buretas:* As buretas servem para dar escoamento a volumes variáveis de líquidos. São constituídas de tubo de vidro uniformemente calibrados, **graduados em mℓ e 0,1 mℓ**. São providas de dispositivos permitindo o fácil controle de escoamento. O dispositivo consiste de uma torneira de vidro entre o **tubo graduado** e a ponta afilada da bureta ou de uma pinça apertando o tubo de **borracha ligado**, de um lado, ao tubo **graduado** e, de outro, a um tubo de vidro **afilado** que funciona como ponta de bureta (Figura 3h).

Figura 3g
Suporte para pipetas

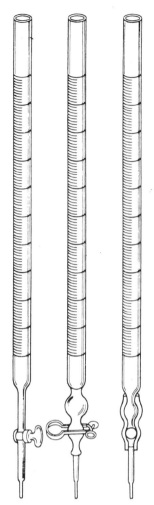

Figura 3h

Buretas

Figura 3i

Bureta com torneira lateral

A bureta com torneira lateral é mais adequada para titulações a quente, o deslocamento da torneira para o lado impede que o calor da solução quente sob titulação se transmita à solução contida na bureta e afete o volume.

As buretas podem ser dispostas em suportes universais contendo mufas.

As buretas de uso mais constante são as de 50 mℓ, graduadas em décimos de mℓ. Também são muito usadas as de 25 mℓ.

Nos trabalhos de escala semimicro, são freqüentemente usadas buretas de 5 e 10 mℓ graduadas em 0,01 ou 0,02.

As buretas com torneira de vidro, sempre que não exista nenhuma indicação em contrário, são preferidas às de pinça. Estas últimas não podem ser usadas no caso de soluções capazes de atacar a borracha, como as soluções de permanganato de potássio e iodo.

Para o uso com soluções que possam sofrer o efeito da luz, são recomendadas buretas de vidro castanho.

As torneiras das buretas devem ser levemente lubrificadas para que possam ser manipuladas com mais facilidade. Serve para este fim uma mistura de partes iguais de vaselina e cera de abelhas; misturas especiais são encontradas no comércio.

A ponta da bureta deve ser estreita, para que somente possa sair, aproximadamente 50 cm^3 em uns 60 segundos, estando a torneira totalmente aberta.

As buretas são usadas na análise volumétrica, de acordo com as seguintes recomendações:

a) A bureta limpa e vazia é fixada a um suporte na posição vertical vide (Figura 3j na página seguinte).

b) Antes de usar o reagente, deve-se agitar o frasco que o contém, pois não é raro haver na parte superior do mesmo gotas de água condensada.

c) A bureta é lavada duas vezes com porções de 5 mℓ do reagente em questão, que são adicionadas por meio de um funil; cada porção é deixada escoar completamente antes da adição da seguinte.

d) Enche-se então, a bureta até um pouco acima do zero da escala e remove-se o funil.

e) Abre-se a torneira ou afrouxa-se a pinça para encher a ponta e expulsar todo o ar e, deixa-se escoar o líquido, até que a parte inferior do menisco coincida exatamente com a divisão zero. Vide Figura 3b na página 27.

Quando se calibra a bureta (acerto do zero) deve-se tomar o cuidado de eliminar todas as bolhas de ar que possam existir.

III. MATERIAL

Becker de 250 mℓ com escala
Erlenmeyer de 250 mℓ com escala
Proveta de 100 mℓ com escala
Pipeta volumétrica de 25 mℓ

Pipetas graduadas
Bureta de 50 mℓ
Relógio com ponteiro de segundos
Funil comum

IV. PROCEDIMENTO EXPERIMENTAL

1. Medir 50 mℓ de água em um Becker e transferir para o Erlenmeyer.
Verificar o erro na escala.
Transferir para a proveta graduada e fazer a leitura do volume. Verificar a precisão.

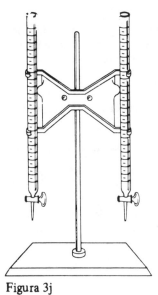

Figura 3j
Suporte com mufa para buretas

2. Medir 50 mℓ de água na proveta graduada e transferir para **Becker**. Verificar o erro na escala.
Transferir para o Erlenmeyer. Verificar a precisão.
Colocar esses três aparelhos em ordem crescente de **precisão**.

_____
_____

3. Pipetar 25 mℓ de água usando a pipeta volumétrica.
Transferir para a proveta.
Comparar a precisão das escalas.

_____
_____

4. Pipetar com uma pipeta graduada (transferindo para diferentes tubos de ensaio), 1 mℓ; 2 mℓ; 5 mℓ; 1,5 mℓ; 2,7 mℓ; 3,8 mℓ e 4,5 mℓ de água.
Esta prática tem a finalidade de treinar o aluno para controlar volumes variáveis numa pipeta graduada.

5. Encher uma bureta com água (acertando o menisco e verificando se não há ar em parte alguma perto da torneira).
Transferir o volume para o Erlenmeyer.
Comparar a precisão das escalas.

_____
_____

6. Encher novamente a bureta, acertar o menisco e escoar para o Erlenmeyer, *gota à gota*, marcando o tempo de escoamento dos primeiros 25 mℓ.
Aguardar 30 segundos e ler novamente na bureta o volume escoado.
Continuar o escoamento da água para o Erlenmeyer, gota à gota até **completar** 50 mℓ e ler novamente na bureta o volume escoado.

V. QUESTIONÁRIO SOBRE A VERIFICAÇÃO EXPERIMENTAL

1. Faça um esquema de cada tipo de aparelho de medição volumétrica observado.
2. Quando deve ser usada uma pipeta volumétrica? E uma graduada?

Anotações:

_____
_____
_____
_____
_____
_____
_____
_____

4 TÉCNICAS DE FILTRAÇÃO

EXPERIÊNCIA N° 04

I. OBJETIVOS

Aprender técnicas de filtração e suas aplicações.

II. INTRODUÇÃO TEÓRICA

Filtração é a operação de separação de um sólido de um líquido ou fluido no qual está suspenso, pela passagem do líquido ou fluido através de um meio poroso capaz de reter as partículas sólidas.

Numa filtração qualitativa e dependendo do caso, o meio poroso poderá ser uma camada de algodão, tecido, polpa de fibras quaisquer, que não contaminem os materiais, mas o caso mais freqüente é papel de filtro qualitativo.

Para as filtrações quantitativas, usa-se geralmente papel filtro quantitativo, ou placas de vidro sinterizado porcelana sinterizada.

Em qualquer dos casos indicados há uma grande gama de porosidades e esta porosidade deverá ser selecionada dependendo da aplicação em questão.

1. *Filtrações Comuns de Laboratório:* São efetuadas na aparelhagem indicada na Figura 4a, onde os elementos fundamentais são papel filtro qualitativo (comprado em rolos) e funil comum.

2. *Filtração Analítica:* É usada na análise quantitativa. O funil é o funil analítico, munido de um tubo de saída longo, que, cheio de líquido "sifona", acelerando a operação de filtração.

Os papéis filtro para fins quantitativos diferem dos qualitativos, principalmente por serem quase livres de cinzas (na calcinação), visto que, durante a preparação, são lavados com ácido clorídrico e fluorídrico, que dissolvem as substâncias minerais da pasta de celulose. O teor de cinza de um papel filtro qualitativo de 11 cm de diâmetro é menor que 0,0001 g. Eles existem no mercado na forma de discos (ϕ = 5,5; 7,0; 9,0; 11,0; 12,5; 15,0 e 18,5) e com várias porosidades.

Os da firma Schleider e Schull são especificados pelo número 589 e tem várias texturas:

a) N° 589 — faixa preta (mole) — textura aberta e mole que filtra rapidamente. Usos: precipitados grossos e soluções gelatinosas.

b) 589 — faixa branca (médio) — Usos: precipitados médios tipo $BaSO_4$ e similares.

c) 589 — faixa azul (denso) — Usos: precipitados finos como o do $BaSO_4$ formado à frio.

d) 589 — faixa vermelha (extradenso) — Usos: para materiais que tendem a passar para a solução ou suspensões coloidais.

e) 589 — faixa verde (extra-espesso) — Usos: no caso anterior quando exige-se dupla folha da faixa vermelha.

f) 589-14 (fino) — Usos: filtração de hidróxidos do tipo hidróxido de alumínio e ferro.

A Figura 4b mostra a disposição do papel de filtro dentro do funil comum.

Há ainda outros tipos para fins especiais.

Os papéis filtro devem ser dobrados e adaptados ao funil analítico conforme mostra a Figura 4c na página seguinte.

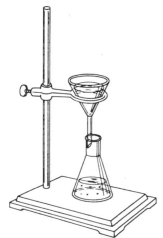

Figura 4a

Figura 4b

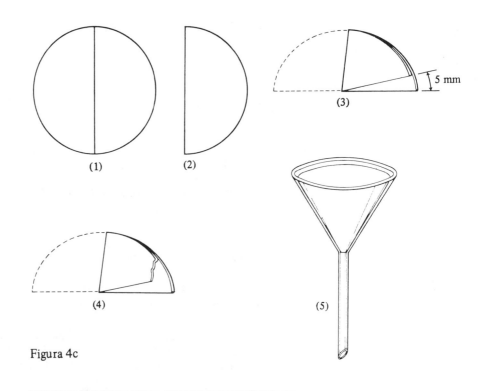

Figura 4c

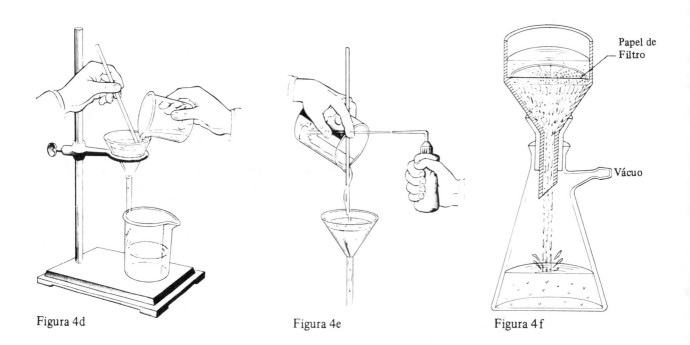

Figura 4d Figura 4e Figura 4f

Na Figura 4c, percebe-se um corte, que é efetuado para que haja uma melhor aderência do papel ao funil.

A filtração (de precipitados) é feita conforme a Figura 4d.

O precipitado que fica retido no Becker, é removido conforme a Figura 4e.

3. *Filtração Com Funil de Buchner:* É efetuada com sucção com auxílio de uma trompa de vácuo e Kitassato (Figura 4f). No fundo do funil, sobre a placa plana perfurada é adaptado o disco de papel filtro molhado, aderido devido à sucção.

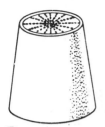

Figura 4 g
Cadinho de Gooch

A sucção acelera a filtração, especialmente para precipitados gelatinosos. Quando o precipitado é francamente gelatinoso, esta operação pode ser melhorada substituindo-se o papel por polpa de papel de filtro, que pode ser misturada ao precipitado.

Um esquema da trompa de vácuo é mostrado na Figura 4h.

4. *Filtração Com Cadinho de Gooch:* Substituindo-se o funil de Buchner (Figura 4g) por um cadinho de porcelana com fundo perfurado temos a filtração com cadinho de Gooch. É portanto, efetuada com sucção e o meio filtrante é polpa de papel de filtro quantitativo ou amianto.

O conjunto é similar ao da Figura 4h.

Para a confecção do meio filtrante de amianto ou polpa de papel filtro, deve-se colocar o cadinho na alonga e adicionar com muito cuidado o amianto misturado com água (ou polpa de papel filtro com água). Bate-se levemente com a baguêta e deixa-se escorrer toda a água através de sucção. O meio filtrante não deve ser muito espesso.

5. *Filtração em Cadinhos Com Placas Porosas de Vidro ou Porcelana:* Neste caso, o cadinho já possui o meio filtrante fundido ao corpo do cadinho. Sofrem via de regra, ataque das soluções alcalinas. Por isso são utilizados em aplicações diversas, evitando-se apenas soluções francamente alcalinas (Figura 4h).

6. *Filtração à Quente:* Quando a solubilidade permitir, a filtragem à quente é preferível, por reduzir a viscosidade do líquido.

Nas filtrações à quente, evita-se o contato do papel de filtro com as paredes do funil que resfriam o conjunto filtrante. Por isso, após feito o cone do papel, suas paredes são dobradas em pregas e aquece-se previamente o conjunto com água quente. Há também filtros com camisa de vapor e neste caso o papel filtro é adaptado como nos casos comuns.

A Figura 4i mostra como é feita a dobra de um papel filtro para filtrações à quente.

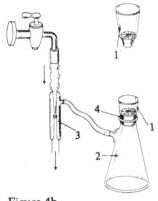

Figura 4h
1. Cadinho de vidro com placa sinterizada
2. Kitassato
3. Trompa de vácuo
4. Alonga de borracha

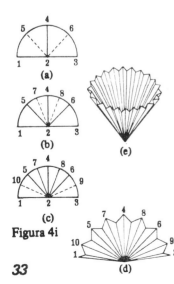

Figura 4i

III. MATERIAL E REAGENTES

Suporte universal
Argola para funil
Funil comum
Funil analítico
Beckers de 300 mℓ
Baguêta com ponteira de borracha
Pisseta
Kitassato
Funil de Buchner (com rolha)
Trompa de vácuo
Cadinho de Gooch
Alonga de borracha
Cadinho de vidro com placa sinterizada
Papel de filtro qualitativo
Papel de filtro quantitativo (vários tipos)
Polpa de amianto
Bico de Bunsen
Tela de amianto
Precipitado de $BaSO_4$ em suspensão contendo $CuSO_4$
Solução de hidróxido de sódio 0,5 N – $NaOH$
Solução de cloreto férrico à 1 % – $FeC\ell_3$
Solução de hidróxido de amônio 1:1 – NH_4OH
Solução de sulfato de alumínio à 3 % – $A\ell_2(SO_4)_3$

IV. PROCEDIMENTO EXPERIMENTAL

Filtração

1. Proceder a uma filtração comum. Filtrar 50 mℓ de precipitado de $BaSO_4$ em suspensão com $CuSO_4$.
2. Proceder a uma filtração analítica. Filtrar 50 mℓ de precipitado de $BaSO_4$ em suspensão com $CuSO_4$.
3. Proceder a uma filtração a vácuo, usando o funil de Buchner, Kitassato e trompa de vácuo. Filtrar 50 mℓ de precipitado de $BaSO_4$ em suspensão com $CuSO_4$.
4. Proceder a uma filtração a vácuo, usando o cadinho de Gooch. Substituir o funil de Buchner por um cadinho de Gooch. Fazer o meio filtrante com polpa de amianto e filtrar 50 mℓ de precipitado de $BaSO_4$ em suspensão com $CuSO_4$.
5. Proceder a uma filtração a vácuo com cadinho de vidro com placa sinterizada.

Colocar num Becker, 10 mℓ de solução de $Aℓ_2(SO_4)_3$.
Adicionar 20 mℓ de solução de NH_4OH.
Forma-se um precipitado gelatinoso de hidróxido de alumínio.

$$Aℓ_2(SO_4)_3 + 6NH_4OH \rightarrow 2\,Aℓ(OH)_3 + 3(NH_4)_2SO_4$$

Filtrar a vácuo no cadinho de vidro com placa sinterizada, usando a aparelhagem do item anterior, substituindo o cadinho de Gooch pelo cadinho de vidro.

6. Proceder a uma filtração à quente.

Colocar num Becker, 10 mℓ de solução de $FeCℓ_3$.
Adicionar 20 mℓ de solução de NaOH.
Forma-se $Fe(OH)_3$ que é um precipitado que deve ser filtrado à quente.

$$FeCℓ_3 + 3NaOH \rightarrow Fe(OH)_3 + 3NaCℓ$$

Preguear o papel de filtro

Dobrar o papel de filtro em pregas e adaptá-lo num funil analítico.
Aquecer a mistura, quem contém o precipitado de $Fe(OH)_3$, para diminuir a sua viscosidade.
Aquecer o sistema (papel filtro + funil) antes da filtração, com água destilada em ebulição.

V. QUESTIONÁRIO SOBRE A VERIFICAÇÃO EXPERIMENTAL

1. Citar cinco exemplos de filtrações que podem ser efetuadas com filtros comuns.
2. Se quisermos separar areia de um precipitado bastante solúvel, que técnicas ou seqüências de operações devemos usar?
3. Como devemos planejar uma filtragem (selecionando o papel filtro) numa análise quantitativa onde os materiais presentes são conhecidos qualitativamente?

Anotações:

5 LEVANTAMENTO DAS CURVAS DE AQUECIMENTO E RESFRIAMENTO DE UMA SUBSTÂNCIA PURA

EXPERIÊNCIA Nº 05

I. OBJETIVOS

Estudar o comportamento de uma substância de baixo ponto de fusão, quando submetida a um aquecimento e a um resfriamento.

II. INTRODUÇÃO TEÓRICA

O conhecimento do comportamento de certas substâncias, quando são submetidas a um aquecimento ou a um resfriamento, é importante para a explicação de certos fenômenos que ocorrem, como por exemplo, na metalurgia (formação de ligas metálicas) e na indústria cerâmica (formação de compostos silicoaluminosos, silicatos, óxidos etc.), feitos através das curvas de resfriamento e aquecimento.

Aquecimento/Resfriamento

Este estudo consiste em traçar curvas da temperatura em função do tempo de aquecimento ou de resfriamento ou ainda, da temperatura em função da composição (se for mais de uma substância).

Quando se adiciona calor à uma substância, à velocidade constante, obtém-se uma curva de aquecimento. Quando se retira calor de uma substância, à velocidade constante, obtém-se uma curva de resfriamento.

As Figuras 5a e 5b, mostram exemplos de curvas de aquecimento e resfriamento.

Figura 5a

Figura 5b

to = Temperatura absoluta

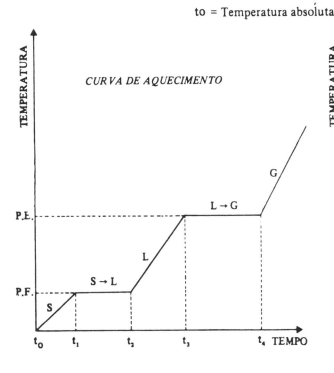
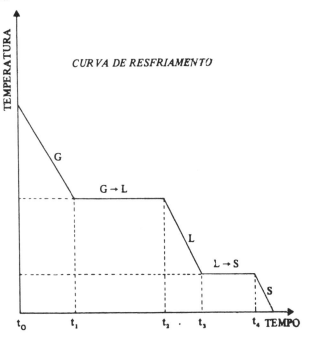

III. MATERIAL E REAGENTES

Tubo de ensaio
Rolha de borracha
Furador de rolhas
Termômetro (0 - 100°C)
Becker de 250 ou 500 mℓ
Tela de amianto
Tripé de ferro
Suporte universal com garra
Bico de Bunsen
Naftaleno P.A. – C_{10} H_8

IV. PROCEDIMENTO EXPERIMENTAL

1. Pesar aproximadamente 5 – 10 g de naftaleno P.A.
2. Colocar essa massa de naftaleno em um tubo de ensaio, dentro do qual se coloca um termômetro.

Cuidado com o Bulbo do Termômetro

Termômetro para medir
Bagueta para agitar

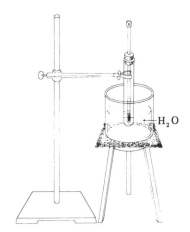

Figura 5c

3. O conjunto anterior, preso a um suporte, é colocado em um Becker com água, que servirá como banho de aquecimento (Figura 5c).
4. Iniciar o aquecimento anotando a temperatura de minuto em minuto. Controlar para que o aquecimento seja uniforme. Se possível, de 1 à 2°C *(chama moderada) por minuto.*
5. Quando aparecer a primeira fração líquida, em contato com o sólido, a substância começa a fundir. Anotar a temperatura que será o ponto de fusão (P.F.) da substância.

P.F. = _____ °C

6. Depois da substância totalmente fundida, retirar o aquecimento, deixar resfriar naturalmente, anotando tempo e temperatura de minuto em minuto.
7. Quando aparecerem os primeiros cristais, registrar a temperatura, que teoricamente deve ser igual à anterior, de fusão.

_____ °C

8. Quando todo o sólido estiver formado, a experiência estará terminada.

V. QUESTIONÁRIO SOBRE A VERIFICAÇÃO EXPERIMENTAL

1. Consultar na literatura, o ponto de fusão de naftaleno e comparar com o ponto de fusão obtido experimentalmente.
Comentar os eventuais desvios.
2. Utilizando os dados experimentais, traçar em papel milimetrado, uma curva de aquecimento e uma de resfriamento em função do tempo.
3. Marcar cada porção da curva, mostrando as fases presentes.
4. Explicar, em termos de energia, o que ocorre em cada ramo da curva de aquecimento.
5. Definir ponto de fusão.
6. Escrever a fórmula estrutural plana do naftaleno.
7. Qual o nome comercial desta substância?
_____
_____
_____

6 PONTO DE FUSÃO DO ÁCIDO BENZÓICO

EXPERIÊNCIA N? 06

I. OBJETIVOS

Verificar a diferença entre o ponto de fusão de uma substância pura e a mesma substância contendo impurezas.

II. INTRODUÇÃO TEÓRICA

As substâncias puras fundem-se em temperaturas constantes, denominadas "**ponto de fusão**". As substâncias que contêm impurezas têm um intervalo de fusão que será tanto maior quanto mais impurezas contiver.

No ponto de fusão (P.F.) a vibração das partículas é tão enérgica que qualquer quantidade de calor adicionada é usada para romper as forças de ligação entre as partículas vizinhas. Conseqüentemente, haverá um intervalo de tempo $(t_1 - t_2)$ em que o calor adicionado não é usado para aumentar a energia cinética média, mas sim para aumentar a energia potencial das partículas. Há um aumento de energia potencial porque é executado um trabalho contra as forças de atração. Durante este período não há alteração da energia cinética média e, portanto, a temperatura permanece constante. No intervalo $(t_1 - t_2)$ a quantidade de sólido diminui gradativamente e a quantidade de líquido aumenta.

> Energia potencial e *não* cinética

Podemos definir ponto de fusão de uma substância como sendo a temperatura na qual o sólido e o líquido coexistem.

III. MATERIAL E REAGENTES

Bico de Bunsen
Tripé de ferro ou anel para suporte
Tela de amianto
Tubo de ensaio
Rolha de cortiça
Termômetro – 0° – 150°C
Tubos capilares
Suporte universal
Garra metálica
Becker de 250 mℓ
Agitador metálico
Vara de vidro (1,20 m)
Glicerina – $C_3H_5(OH)_3$
Ácido benzóico p.a. – C_6H_5COOH
Ácido benzóico comercial

IV. PROCEDIMENTO EXPERIMENTAL

1. Soldar um capilar em uma das extremidades. O capilar deve ter 1-2 mm de diâmetro e 7-8 cm de comprimento.
2. A substância cujo ponto de fusão será determinado deverá ser triturada em um almofariz até que fique finamente dividida.
3. Com o auxílio de uma espátula, acumular uma pequena porção da substância, formando um pequeno monte, para que a substância penetre no mesmo.

Controlar a velocidade de aquecimento

4. Colocar o capilar na posição vertical com a extremidade aberta voltada para cima e bater delicadamente sobre uma superfície, para que o sólido se acumule no fundo.
5. Repetir a operação até que a substância ocupe aproximadamente 2 cm do capilar.

Observação: Esta operação pode ser mais rápida procedendo-se da seguinte maneira:

a) Colocar a extremidade aberta do capilar no pequeno monte da substância.
b) Fazer deslizar o capilar por uma vara de vidro longa, na posição vertical.
c) Repetir a operação até que a substância ocupe 2 cm do capilar.

6. O capilar deve ser conectado paralelamente a um termômetro, de modo que sua extremidade inferior atinja aproximadamente metade do bulbo. Prender o capilar ao termômetro com um pequeno elo elástico (Figura 6a).
7. Iniciar o aquecimento do banho de glicerina, de forma moderada, anotando as temperaturas de minuto em minuto (a elevação de temperatura não deve ser superior a 3°C por minuto).
8. Anotar a temperatura de fusão.

Observação: As operações devem ser feitas para o ácido benzóico p.a. e comercial.

Se houver falta de tempo, conectar dois capilares simultaneamente ao termômetro.

Havendo sobra de tempo, deixar resfriar o sistema e anotar a temperatura de solidificação.

Agitar o banho de glicerina para que haja uma distribuição mais uniforme de calor.

Figura 6a

Sistema capilar-termômetro

V. QUESTIONÁRIO SOBRE A VERIFICAÇÃO EXPERIMENTAL

1. Por que usamos a glicerina no banho de fusão?
2. Dar a definição de ponto de fusão e congelamento.
3. Se tivermos uma substância polar e outra apolar, qual das duas terá ponto de fusão mais elevado? Por quê?
4. O que é calor de fusão?
5. Quando é que uma substância se sublima?
6. Quando temos uma substância pura e a mesma substância contendo impurezas, qual das duas substâncias tem o ponto de fusão mais baixo?
7. Escrever a fórmula estrutural plana do ácido benzóico.
8. Representar os dados obtidos experimentalmente em papel milimetrado. (Temperatura x Tempo.)

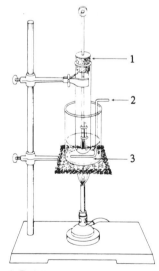

1. Rolha
2. Agitador
3. Banho de Glicerina

Anotações:

_____
_____
_____
_____
_____
_____
_____
_____
_____
_____

7 DETERMINAÇÃO DA ÁGUA DE CRISTALIZAÇÃO DO SULFATO CÚPRICO

EXPERIÊNCIA N.º 07

I. OBJETIVOS

Determinar experimentalmente o número de moléculas de água na molécula de $CuSO_4 \cdot nH_2O$.

II. INTRODUÇÃO TEÓRICA

Muitas substâncias unem-se com a água para formar compostos cristalinos secos. Estes compostos denominam-se **hidratos** e possuem composição definida.

Cada um destes compostos contém um número constante de moles de água combinados com 1 mol da substância anidra.

Nesta experiência, determinaremos o número de moléculas que hidratam o sulfato cúprico. Obtém-se os dados experimentais pela desidratação de uma amostra do sal hidratado, retirando a água e pesando depois o sal anidro restante.

$$X \cdot (H_2O)_y \rightarrow X + y\, H_2O \uparrow$$
sal hidrato   sal anidro

Controlar a temperatura   O aquecimento é efetuado em banho de areia, cuja temperatura não deve ultrapassar os 230°C, pois à temperatura mais elevada pode ocorrer uma reação secundária indesejável, ou seja, o aparecimento de um sal básico de coloração cinzenta, de acordo com a equação:

$$2\, CuSO_4 \cdot nH_2O \rightarrow Cu_2(OH)_2SO_4 + SO_3 \uparrow + (n-1)\, H_2O \uparrow$$

Com a evaporação da água, o sal muda da cor azul para branca. Isto indica a eliminação da água e, conseqüentemente, o fim do aquecimento.

III. MATERIAL E REAGENTES

Balança analítica
Banho de areia
Termômetro (até 250°C)
Cadinho de porcelana
Pinça metálica Casteloy
Dessecador
Bico de Bunsen
Tela de amianto
Tripé de ferro
Suporte universal com garra
Sulfato cúprico hidratado p.a. – $CuSO_4 \cdot 5H_2O$

IV. PROCEDIMENTO EXPERIMENTAL

1. Pesar um cadinho de porcelana limpo e previamente calcinado.

m_1 = _____ g

2. Colocar no cadinho 1,0 - 1,2 g de $CuSO_4 \cdot nH_2O$ finalmente pulverizado e pesar novamente.

m_2 = _____ g

A diferença entre as duas pesagens nos fornecerá a massa do sal hidratado.

$m_3 = m_2 - m_1$ = _____ - _____ = _____ g

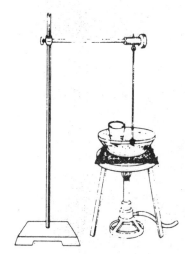

Figura 7a

3. Colocar o cadinho com a substância no banho de areia de modo que a areia cubra o cadinho até 3/4 de sua altura.
4. Mergulhar o termômetro no banho de areia, de modo que o bulbo do termômetro esteja na altura do fundo do cadinho (Figura 7a).
5. Aquecer o banho de areia até 230°C e manter o aquecimento até que a substância se torne branca.

Observação: Controlar o aquecimento para que a temperatura não ultrapasse os 230°C.

Aquecer a ponta da pinça

6. Transferir o cadinho, com a pinça metálica cuja ponta tenha sido previamente aquecida na chama do bico de Bunsen, para o dessecador.
7. Deixar esfriar até a temperatura ambiente e pesar novamente.

m_4^I = _____ g

8. Colocar o cadinho novamente no banho de areia por mais 10-15 minutos.
9. Transferir, novamente o cadinho para o dissecador e, depois de resfriado, pesar novamente.

m_4^{II} = _____ g

Se as massas m_4^I e m_4^{II} coincidirem ou a diferença entre elas não ultrapassar o 0,01 g, pode-se considerar a massa constante.

m_4 = _____ g

Caso isto **não aconteça**, aquece-se o cadinho novamente, até se obter massa constante.

V. CÁLCULOS

Massa de $CuSO_4 \cdot nH_2O = m_3(g)$

Massa de $CuSO_4$ (anidro) = $m_5(g) = m_4 - m_1$

m_5 = _____ - _____ = _____ g

Massa de água = $m_6 = m_3 - m_5$

m_6 = _____ - _____ = _____ g

Número de moles de $CuSO_4 = n_1$

$n_1 = \dfrac{m_5}{M_1}$

40

M_1 = massa molecular do $CuSO_4$

n_1 = _____ = _____ moles

Número de moles de água = n_2

$n_2 = \dfrac{m_6}{M_2}$

M_2 = massa molecular da água

n_2 = _____ = _____ moles

Número de moles de água em 1 mol de sulfato cúprico = x

n_2 _____ n_1

x _____ 1 mol

$x = \dfrac{n_2}{n_1}$ = _____ = _____ moles

Numericamente, temos que o número de moles de água em 1 mol de sulfato cúprico é igual ao número de moléculas de água em 1 molécula de sulfato cúprico.

VI. QUESTIONÁRIO SOBRE A VERIFICAÇÃO EXPERIMENTAL

1. Por que o aquecimento do cadinho com o sulfato cúprico não pode ser feito diretamente com a chama do bico de Bunsen?
2. Por que é importante que o aquecimento da substância seja feito até se obter massa constante?
3. Por que o bulbo de termômetro deve ficar na mesma altura do fundo do cadinho, no banho de areia?
4. O que aconteceria com a substância se a temperatura do aquecimento fosse superior a 230°C?
5. Qual a mudança de cor apresentada pela substância durante o aquecimento?
6. Por que devemos aquecer a ponta da pinça metálica, ao usá-la para transferir o cadinho para o dessecador?

Anotações:

8 CRISTALIZAÇÃO

EXPERIÊNCIA N? 08

I. OBJETIVOS

Purificar um sal através do processo de cristalização

II. INTRODUÇÃO TEÓRICA

A dissolução de uma substância sólida à temperatura e pressão determinadas em uma certa quantidade de solvente é limitada. Se a substância sólida está em excesso, forma-se uma solução saturada e estabelece-se um equilíbrio dinâmico entre as partículas da solução e as partículas do estado sólido.

A concentração de solução saturada à temperatura e pressão determinadas, é um valor constante e característico para cada substância e denomina-se **solubilidade**. A solubilidade se expressa, geralmente pelo número de partes em peso da substância seca contida em partes em peso do solvente numa solução saturada à pressão e temperaturas fixas.

Na prática, a solubilidade das substâncias líquidas e sólidas depende da temperatura, visto que seu volume não varia consideravelmente em função da pressão. Esta dependência pode ser expressa graficamente na forma de curva de solubilidade.

A Figura 8a mostra a curva de solubilidade do sulfato cúprico penta-hidratado ($CuSO_4 \cdot 5H_2O$).

Por meio da curva de solubilidade pode-se determinar graficamente a solubilidade das substâncias às diferentes temperaturas e realizar cálculos necessários para efetuar a recristalização empregada para a purificação de substâncias sólidas.

O método consiste em preparar-se uma solução quase saturada à quente, para dissolver também as impurezas solúveis, filtrá-la rapidamente e deixar o filtrado esfriar. A substância dissolvida cristalizará e será recuperada.

Figura 8a

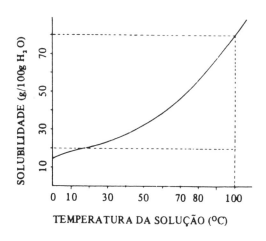

TEMPERATURA DA SOLUÇÃO (°C)

III. MATERIAL E REAGENTES

Beckers de 250 e 400 mℓ
Funil analítico
Papel de filtro qualitativo
Tripé de ferro
Tela de amianto
Bico de Bunsen
Suporte universal com argola
Bagueta de vidro
Termômetro
Sulfato de cobre comercial — $CuSO_4 \cdot 5H_2O$

IV. PROCEDIMENTO EXPERIMENTAL

1. Dissolver 30 gramas de $CuSO_4 \cdot 5H_2O$ em 100 mℓ de água destilada. Aquecer brandamente caso seja necessário. Esta operação visa retirar as impurezas insolúveis.
2. Filtrar. Desprezar o papel de filtro, que contém impurezas insolúveis.
3. Aquecer a solução filtrada à ebulição, mantendo-se essa temperatura até que o volume se reduza a aproximadamente 50 mℓ.

Resfriamento súbito produz cristais pequenos

4. Deixar resfriar a solução até que a temperatura atinja 30°C, **agitando constantemente**.
5. Filtrar os cristais.
6. Abrir o papel de filtro contendo os cristais e colocar outro papel de filtro sobre eles. Fazer pressão para eliminar o máximo de água possível.
7. Transferir os cristais para outro papel de filtro e deixar secar ao ar durante 20 minutos, agitando os cristais de vez em quando com um bastão de vidro seco. Considerar findo o processo de secagem quando os cristais não mais aderirem ao bastão.
8. Pesar os cristais.

m_2 = _____ g

9. Calcular o rendimento do processo.

massa inicial do sal = m_1 = 30 g

x = % de rendimento

$$x = \frac{m_2 \text{ (g)} \times 100}{30 \text{ g}} = \frac{x \ 100}{30 \text{ g}}$$

x = _____ %

V. QUESTIONÁRIO SOBRE A VERIFICAÇÃO EXPERIMENTAL

1. Por que o sal obtido não é seco na estufa?
2. Qual a cor do sal anidro (sulfato de cobre)?

Anotações:

9 DETERMINAÇÃO DA SOLUBILIDADE DE UM SÓLIDO EM UM LÍQUIDO

EXPERIÊNCIA Nº 09

I. OBJETIVOS

Preparar uma solução saturada da substância em questão, à temperatura desejada.
Determinar experimentalmente, o coeficiente de solubilidade da substância em questão a diferentes temperaturas.
Com os dados obtidos experimentalmente, traçar a curva de solubilidade da substância.

II. INTRODUÇÃO TEÓRICA

A quantidade de uma substância sólida que se dissolve em uma quantidade fixa de solvente, à temperatura e pressão determinadas, é limitada. Se a substância sólida está em excesso, forma-se uma solução saturada, onde se tem um sistema que consta de dois componentes, no qual se estabelece um equilíbrio entre a fase líquida (solução) e a fase sólida (soluto).

A concentração da solução saturada, a pressão e temperatura dadas, é uma grandeza constante, caracterizada para cada substância, que se denomina **solubilidade**. A solubilidade é comumente expressa pelo número de partes em massa do soluto contido em 100 partes em massa do solvente, numa solução saturada. Em alguns manuais ou tabelas, o número que expressa a solubilidade da substância denomina-se coeficiente de solubilidade.

A concentração da solução saturada, ou seja, a sua solubilidade, depende da natureza do solvente, da natureza do soluto, da temperatura e da pressão.

Na prática, a solubilidade das substâncias líquidas e sólidas depende da quantidade e da natureza do soluto e solvente e da temperatura, visto que seu volume não muda consideravelmente em função da pressão. Essa dependência pode ser expressa graficamente na forma de curva de solubilidade da substância considerada, para cujo traçado se marca no eixo das ordenadas a solubilidade e no eixo das abscissas a temperatura. (Vide Figura 9a na página seguinte.)

O modelo usual para determinação da curva de solubilidade de uma substância sólida, consiste em se preparar uma solução saturada a temperatura desejada e, em retirar uma alíquota da solução assim obtida, submetendo-a a um processo de evaporação a seco, cuidadosamente, desde que o composto em questão não sofra modificações químicas durante a evaporação. Pode-se assim determinar a massa do sólido que está dissolvido em uma massa conhecida da solução e, a partir desse dado calcula-se a massa do sólido que se dissolveria em 100 g de água à temperatura considerada experimentalmente.

$$\text{Solubilidade} = \frac{\text{gramas do soluto}}{\text{gramas do solvente}} \times 100$$

Exemplo: Em uma experiência para a determinação da solubilidade do NaCℓ a 30ºC, retirou-se uma amostra de 100 mℓ de uma solução saturada a esta temperatura.

Massa do Becker = 45,0 g = a
Massa do Becker com solução = 55,9 g = b
Massa do Becker com resíduo = 47,9 g = c
Massa de água = 8,0 g = d
Massa do sal = 2,9 g = e
Coeficiente de solubilidade = x

d = b − c = 55,9 g − 47,9 g = 8 g = massa de água

e = c − a = 47,9 g − 45,0 g = 2,9 g = massa de sal

Cálculo do coeficiente de solubilidade

8 g de água ——————— 2,9 g de sal

100 g de água ——————— x

x = 36,3 g de NaCℓ

Figura 9a
Curvas de solubilidade de alguns sais

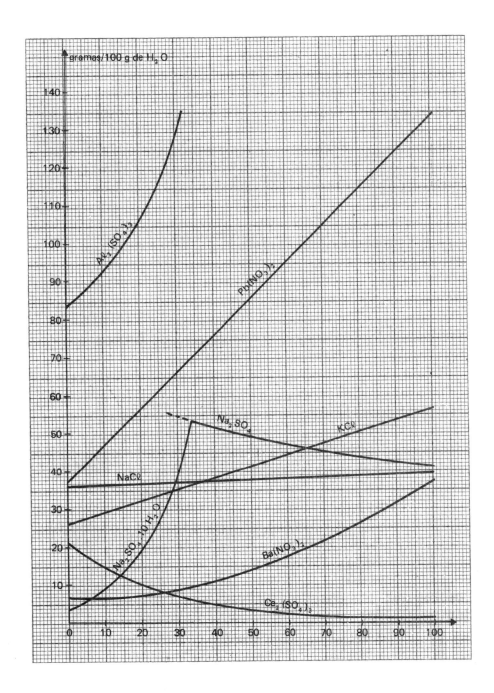

Tabela de Dados (9b)

Becker numerado	1	2	3	4
Temperatura (°C)				
Tara (a) (g)				
Massa do Becker com solução (g) (b)				
Massa do Becker com resíduo de (c) KCℓ (g)				
Massa de água (d) (g)				
Coeficiente de Solubilidade (x) (g/100 g de H_2O)				

III. MATERIAL E REAGENTES

Forma metálica ou lata grande de goiabada
Areia
Tela de amianto
Tripé de ferro
Bico de Bunsen
Beckers de 100 mℓ
Becker de 400 mℓ
Bagueta ou bastão
Termômetro
Balança técnica
Pipeta de 10 mℓ
Cloreto de potássio sólido — KCℓ

IV. PROCEDIMENTO EXPERIMENTAL

1. Colocar 3/4 de areia em uma forma metálica.
2. Aquecer o banho de areia através de uma tela de amianto apoiada em um tripé de ferro.
3. Numerar ou codificar 4 copos de Becker de 100 mℓ (por exemplo: 1, 2, 3 e 4). Pesar os quatro Beckers e anotar os valores na tabela.
4. Pesar 60 g de KCℓ em um Becker de 400 mℓ. Adicionar 60 mℓ de água. Saturar a solução à temperatura ambiente, agitando-se com bastão de vidro durante 15-20 minutos.
5. Deixar decantar o excesso de sal. Introduzir o termômetro na solução saturada e anotar a temperatura, transferindo-a para a tabela.

Agitar constantemente a solução

6. Pipetar 10 mℓ da solução sobrenadante, a temperatura do ambiente, transferindo a alíquota para o Becker número 1. Determinar a massa do Becker com a solução. Transferir o dado para a tabela.
7. Colocar o Becker de 400 mℓ no banho de areia e aquecer a solução, agitando constantemente, até atingir a temperatura de 30°C.
Deixar decantar e pipetar 10 mℓ da solução sobrenadante transferindo-a para o Becker número 2. Determinar a massa do Becker com solução. Transferir o valor para a tabela.
8. Repetir o processo do item 7, flambando a pipeta para a retirada das amostras, a temperaturas de 50 e 70°C, para os Beckers 3 e 4 respectivamente.

O sal crepita quando seco

9. Após as retiradas das amostras nas temperaturas desejadas e da determinação da massa dos Beckers 1, 2, 3 e 4 contendo solução, colocá-los no banho de areia para evaporação cuidadosa até a secagem.
10. Após a secagem de cada uma das amostras, retirá-las do aquecimento. Aguardar que resfriem à temperatura ambiente.
11. Determinar a massa de cada um dos Beckers com resíduo. Transferir os valores para a tabela.

V. QUESTIONÁRIO SOBRE A VERIFICAÇÃO EXPERIMENTAL

1. Representar graficamente a curva de solubilidade do KCl em água, marcando no eixo das abscissas a temperatura, em °C, e no eixo das ordenadas, os coeficientes de solubilidade (gramas de KCl/100 g de água). Usar papel milimetrado.
2. Comparar a curva traçada com os dados experimentais colhidos no laboratório, com a encontrada na literatura.
3. Conceitualmente, qual a diferença entre soluções diluídas, concentradas, saturadas e supersaturadas?
4. O efeito da variação da temperatura sobre a solubilidade é igual para todas as substâncias? Justificar sua resposta.
5. O que é um processo de purificação por cristalização?

Anotações:

10

TRABALHOS EXPERIMENTAIS PROPOSTOS PARA OBSERVAÇÕES DA OCORRÊNCIA DE FENÔMENOS FÍSICOS E QUÍMICOS

EXPERIÊNCIA N.º 10

I. OBJETIVOS

Diferenciar experimentalmente, um fenômeno físico de um fenômeno químico.

II. INTRODUÇÃO TEÓRICA

A filosofia define fenômeno como sendo tudo que é objeto de experiência possível, e que se pode manifestar no tempo e no espaço segundo as leis do entendimento. Podemos então dizer que qualquer modificação operada nos corpos, pela ação dos agentes físicos ou químicos, cientificamente observada é um fenômeno.

Não há demarcação nítida entre fenômenos físicos e químicos

Na natureza, as substâncias sofrem transformações constantes, sendo que estas podem ocorrer espontaneamente ou não e, classificam-se como fenômenos físicos ou químicos, embora não exista uma demarcação nítida entre os dois.

No transcurso de um fenômeno físico, não há evidência da formação de uma nova substância, portanto, não ocorre modificação de suas propriedades químicas. Os fenômenos físicos são passageiros, duram somente enquanto persiste a causa que os provoca.

Exemplo: Água em forma líquida quando aquecida transforma-se em vapor. Cessando o aquecimento, o vapor d'água condensa-se originando água líquida novamente.

Quando observamos um ponto de fusão em trabalhos efetuados no laboratório, podemos repetir o ensaio, quantas vezes quisermos, usando o mesmo material, visto que as transformações físicas não alteram as propriedades químicas da matéria.

Os fenômenos químicos ocorrem provocando alterações profundas das propriedades químicas da substância, originando novas substâncias. Poderemos saber se ocorreu um fenômeno químico por comparação das propriedades dos produtos formados com as substâncias originais. Uma comparação das propriedades como cor, odor, sabor, solubilidade e estado físico, indicam normalmente se houve ou não formação de novas substâncias.

Exemplo: $2\,Na + 2H_2O \rightarrow 2NaOH + H_2\uparrow$

O sódio (metal) reage com água dando origem a formação de hidróxido de sódio (base) e hidrogênio (gás), materiais de propriedades específicas muito diferentes das que possuíam os materiais empregados inicialmente.

Se estas propriedades não nos proporcionam informações suficientes, podemos comparar outras propriedades como o ponto de fusão, ponto de ebulição, índice de refração, densidade etc.

Em geral, as transformações químicas são duradouras e vêm acompanhadas por variações de energia (como desprendimento de calor, luz); todavia estas manifestações de energia não confirmam que o fenômeno é químico porque muitos fenômenos físicos implicam em transformações de energia (por exemplo, mudança de estado físico, dissoluções etc.).

Examinar previamente as substâncias

Em cada um dos fenômenos que serão estudados experimentalmente, poderão ser feitas observações suficientes quanto a cor, odor, estado físico, solubilidade em água, efeitos caloríficos etc., que conduzirão a conclusões para que se possa estabelecer se o fenômeno é físico ou químico.

Em cada caso, anotam-se as observações que se considerem pertinentes para tomar uma decisão.

Para melhor aproveitamento do trabalho prático, todas as substâncias devem ser examinadas previamente e suas propriedades imediatas devem ser anotadas para serem comparadas com as propriedades das novas substâncias que eventualmente se formarão.

Em todos os itens, os fenômenos observados devem ser classificados como físicos ou químicos. As respostas podem ser colocadas nos espaços reservados.

As classificações devem ser justificadas, quando o fenômeno for físico determinar qual a transformação física ocorrida e quando o fenômeno for químico escrever a reação que corresponde ao fenômeno.

Não provar as substâncias

Observação: Nunca se deve provar o sabor das substâncias químicas a não ser que haja indicação específica para isto.

III. MATERIAL E REAGENTES

Tubos de ensaio
Estante para tubos de ensaio
Bico de Bunsen
Becker de 100 mℓ
Vidro de relógio
Tela de amianto
Tripé de ferro
Pinça metálica Casteloy
Suporte universal
Garra metálica
Palito de fósforos ou pequenos pedaços de madeira
Bagueta de vidro
Funil analítico
Papel de filtro qualitativo
Chumbo em aparas — Pb
Iodo sólido — I_2
Cobre em pó ou aparas — Cu
Magnésio em aparas — Mg
Sacarose — $C_{12}H_{22}O_{11}$
Carbonato de sódio sólido — Na_2CO_3
Óxido mercúrio sólido — HgO
Cloreto de sódio sólido — NaCℓ
Carbonato de cálcio sólido — $CaCO_3$
Nitrato de potássio sólido — KNO_3
Ácido sulfúrico concentrado — H_2SO_4
Solução 0,1 Molar de cloreto de potássio — KCℓ
Solução à 5% de nitrato de prata — $AgNO_3$
Nitrato de chumbo (solução 1M) — $Pb(NO_3)_2$
Solução 1 M de iodeto de potássio — KI
Solução 1 M de dicromato de potássio — $K_2Cr_2O_7$
Solução de ácido clorídrico 1:1 — HCℓ
Solução de ácido nítrico 1:1 — HNO_3

IV PROCEDIMENTO EXPERIMENTAL

Controlar a combustão

1. Colocar alguns cristais de iodo em um Becker de 100 mℓ e cobrir com um vidro de relógio.
Colocar o conjunto sobre a tela de amianto apoiado no tripé de ferro e aquecer com a chama do bico de Bunsen, usando meia combustão. Observar os vapores que se desprendem (1.1).
Cessar o aquecimento e colocar 1 mℓ de água sobre o vidro de relógio. Aguardar o resfriamento do sistema. Observar (1.2).

Os fenômenos observados são:

(1.1) _____
(1.2) _____

Justificar as respostas.

_____
_____
_____
_____

Aquecer brandamente e verter rápido

2. Colocar em um tubo de ensaio seco, uma porção de chumbo em aparas.
Aquecer diretamente na chama do bico de Bunsen até a fusão. Observar (2.1)
Virar o conteúdo do tubo rapidamente sobre uma superfície fria.
Observar (2.2).
Os fenômenos observados são físicos ou químicos?

(2.1) _____
(2.2) _____

Justificar as respostas.

_____
_____
_____
_____

3. Experiência Demonstrativa: "Danifica o tubo de ensaio e, desprende quantidade excessiva de gases quando efetuada por muitos alunos simultaneamente."

Colocar pequena porção de açúcar (sacarose) em um tubo de ensaio. Aquecer diretamente na chama oxidante do bico de Bunsen.
Observar (3.1)
O fenômeno observado é:

(3.1) _____

Justificar a resposta.

_____
_____

4. Colocar em um tubo de ensaio, aproximadamente 0,1 g de carbonato de sódio. Adicionar 2 mℓ de água e agitar (4.1). Aquecer a solução obtida diretamente na chama do bico de Bunsen até completa evaporação. Observar (4.2).
Os fenômenos observados são:

(4.1) _____

(4.2) _____

Justificar as respostas.

_____
_____
_____
_____

5. Colocar em um tubo de ensaio seco, aproximadamente 0,1 g de carbonato de sódio. Adicionar 2 mℓ de ácido clorídrico 1:1.
Observar (5.1).
Aquecer a solução obtida na chama do bico de Bunsen até a evaporação completa.
Observar (5.2).
Os fenômenos observados são:

(5.1) _____
(5.2) _____
Justificar as respostas.

_____
_____
_____
_____

Não inalar os vapores

6. Colocar em um tubo de ensaio seco, aproximadamente 0,1 g de cobre em pó ou aparas. Adicionar 3 mℓ de ácido nítrico diluído. Agitar até que desapareça o cobre (aquecer brandamente se for necessário). Observar (6.1).
O fenômeno observado é:

(6.1) _____
Justificar a resposta.

_____
_____

7. Colocar em um tubo de ensaio seco, aproximadamente 0,1 g de magnésio em aparas. Adicionar 3 mℓ de ácido clorídrico 1:1. Agitar até que desapareça o magnésio. Observar (7.1).
O fenômeno observado é:

(7.1) _____
Justificar a resposta.

_____
_____

O nitrato de prata escurece, temporariamente, a pele

8. Colocar em um tubo de ensaio, 1 mℓ de solução de cloreto de potássio. Adicionar algumas gotas de solução de nitrato de prata até o aparecimento de um precipitado branco. Agitar. Observar (8.1).
O fenômeno observado é:

(8.1) _____
Justificar a resposta.

_____
_____

9. Em um tubo de ensaio, colocar 1 mℓ de solução de nitrato de chumbo. Adicionar 1 mℓ de solução de solução de iodeto de potássio. Agitar. Observar (9.1).
O fenômeno observado é:

(9.1) _____

Justificar a resposta.

_____
_____

10. Em um tubo de ensaio, colocar 1 mℓ de solução de nitrato de chumbo. Adicionar algumas gotas de ácido clorídrico 1:1 até o aparecimento de um precipitado branco. Agitar. Observar (10.1). Aquecer a solução obtida contendo o precipitado, brandamente, na chama do bico de Bunsen até o desaparecimento do precipitado. Observar (10.2).
Adicionar, gota a gota, solução de dicromato de potássio até o aparecimento de um precipitado amarelo. Agitar. Observar (10.3).
Os fenômenos observados são:

(10.1) _____
(10.2) _____
(10.3) _____

Justificar as respostas.

_____
_____
_____
_____

Não focalizar por muito tempo a incandescência

11. Segurar uma pequena tira de magnésio com a pinça metálica. **Aquecer a tira diretamente na zona oxidante do bico de Bunsen até que ocorra incandescência** (luminosidade). Observar (11.1).
Aguardar o resfriamento da pinça. Anotar as características do resíduo obtido.
O fenômeno observado é:

(11.1) _____

Justificar a resposta.

_____
_____

12. Pesar aproximadamente 0,7 g de óxido de mercúrio II.
Transferir para um tubo de ensaio limpo e seco. Prender o tubo conforme a Figura 10a, na página 54.
Aquecer o sistema na chama do bico de Bunsen. Introduzir um palito de madeira em brasa na boca do tubo de ensaio. Observar (12.1).
Continuar o aquecimento de todo o óxido de mercúrio II.
Cessar o aquecimento. Observar a parte mais fria do tubo de ensaio (12.2).
Os fenômenos observados são:

(12.1) _____
(12.2) _____

Justificar as respostas.

_____
_____
_____

Examinar separadamente uma amostra de cloreto de sódio e outra de carbonato de cálcio.

13. Colocar em um tubo de ensaio, aproximadamente 0,2 g de cloreto sódio. Adicionar 3 mℓ de água. Agitar. Observar (13.1).
O fenômeno observado é:

(13.1) _____
Justificar a resposta.
_____
_____

14. Colocar aproximadamente 0,2 g de carbonato de cálcio em um tubo de ensaio. Adicionar 3 mℓ de água. Agitar. Observar (14.1).
O fenômeno observado é:

(14.1) _____
Justificar a resposta.
_____
_____

15. Misturar em um tubo de ensaio, as soluções obtidas nos exercícios anteriores (13 e 14). Agitar. Observar (15.1).
Adicionar mais 4 mℓ de água. Agitar. Observar (15.2).
Os fenômenos observados são:

(15.1) _____
(15.2) _____
Justificar as respostas.
_____
_____
_____
_____

16. Filtrar o conteúdo do tubo de ensaio do exercício anterior (15), recolhendo o filtrado em outro tubo de ensaio.
Aquecê-lo na chama do bico de Bunsen até a evaporação completa do filtrado. Observar o resíduo que ficou no papel de filtro e o resíduo da evaporação no tubo de ensaio (16.1).
O fenômeno observado é:

(16.1) _____
Justificar a resposta.
_____
_____

17. Colocar 1 g de nitrato de potássio em um tubo de ensaio. Adicionar 5 mℓ de água. Observar a variação de temperatura (17.1).
O fenômeno observado é:

(17.1) _____
Justificar a resposta.
_____
_____

Colocar o NaOH lentamente

18. Colocar 1 mℓ de ácido clorídrico em um tubo de ensaio. Adicionar (com cuidado) 1 mℓ de solução de hidróxido de sódio. Agitar. Observar (18.1).
Observar a variação de temperatura.
O fenômeno observado é:

(18.1) _____
Justificar a resposta.
_____
_____

19. Queimar um pequeno pedaço de madeira na chama oxidante do bico de Bunsen, com o auxílio de uma pinça metálica. Observar (19.1).
O fenômeno observado é:

(19.1) _____
Justificar a resposta.
_____
_____

Manipule o H_2SO_4 com cuidado

20. Colocar um pequeno pedaço de madeira em um Becker de 100 mℓ, contendo ácido sulfúrico concentrado. Observar (20.1).
O fenômeno observado é:

(20.1) _____
Justificar a resposta.
_____
_____

V. QUESTIONÁRIO SOBRE A VERIFICAÇÃO EXPERIMENTAL

1. Escrever as equações das reações químicas ocorridas nos fenômenos químicos.
_____
_____

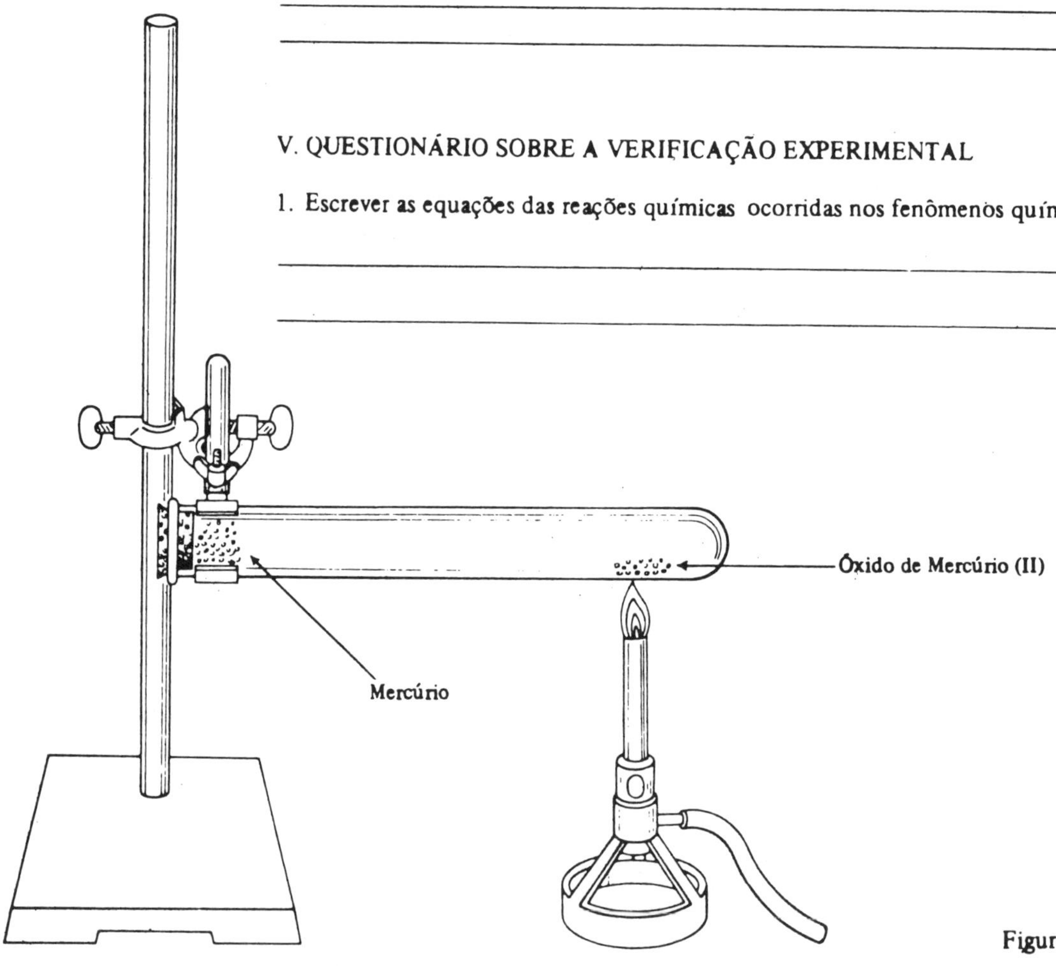

Óxido de Mercúrio (II)

Mercúrio

Figura 10a

11 DENSIDADE

EXPERIÊNCIA Nº 11

I. OBJETIVOS

Determinar, experimentalmente, a densidade de um sólido.
Estudar, experimentalmente, a variação da densidade de uma substância em função da variação da temperatura da mesma.

II. INTRODUÇÃO TEÓRICA

Uma propriedade específica de qualquer substância é a propriedade determinada pela sua natureza e que independe da quantidade de substância examinada.

Geralmente, tal propriedade é representada por uma qualidade particular ou por um valor numérico, que varia com a substância.

> A unidade de densidade para líquidos é g/mℓ ou g/cm³

A densidade, que se define como a massa da unidade de volume (D = m/V) é expressa nos trabalhos científicos em gramas por mililitro (gramas por centímetro cúbico) para os sólidos e líquidos e em gramas por litro para os gases.

Para se determinar a densidade, devemos medir o volume e a massa de uma quantidade dada da substância em questão. A densidade pode ser calculada depois dividindo-se a massa pelo volume.

Um método adequado para medir o volume de um sólido, independente do seu formato, consiste em mergulhá-lo numa quantidade medida de água numa proveta graduada. O aumento do volume, medido pela elevação da água, determina o volume do sólido.

Quanto maior é a temperatura, maior é o volume de uma mesma massa de substância; em conseqüência, um aumento de temperatura produz, com muito poucas exceções, uma diminuição da densidade. Isto significa que, quando se exprime a densidade absoluta de uma mesma substância, é necessário especificar em que temperatura e pressão foi feita a determinação.

III. MATERIAL E REAGENTES

Bico de Bunsen
Tripé de ferro
Tela de amianto
Balança
Provetas de 50 ou 100 mℓ
Proveta de 250 mℓ
Termômetro
Densímetro com variação de 1,000 à 1,500
Bastão de vidro
Becker de 250 mℓ
Um parafuso ou uma porca grande
Cloreto de sódio sólido – NaCℓ
Água destilada.

IV. PROCEDIMENTO EXPERIMENTAL

1. *Determinação da Densidade de um Sólido*

1.1. Pesar um parafuso ou uma porca grande.

m = _____ g

1.2. Colocar água numa proveta de 50 ou 100 mℓ e ler o volume.

V_1 = _____ mℓ

1.3. Colocar o material pesado dentro da proveta e ler o volume.

V_2 = _____ mℓ

1.4. Volume do material (V)

V = V_2 V_1 = _____ - _____ = _____ mℓ

1.5. Densidade do material (D)

$D = \dfrac{m}{V}$ = _____ = _____ g/mℓ

2. *Variação da Densidade de uma Substância em Função da Variação da Temperatura.*

2.1. Determinar o valor de cada divisão da escala do densímetro.

2.2. Pesar aproximadamente 50 g de NaCℓ sólido.

m = _____ g

2.3. Transferir o sal para um Becker de 250 mℓ.
2.4. Adicionar 150 mℓ de água destilada e agitar com o bastão de vidro, para dissolver o sal.
2.5. Completar o volume até 250 mℓ, com água destilada.
2.6. Aquecer a solução à 70°C. Agitar durante o aquecimento.
2.7. Transferir a solução quente para uma proveta graduada de 250 mℓ.
2.8. Determinar a temperatura com o termômetro.
2.9. Introduzir o densímetro na proveta. Aguardar estabilidade e ler a densidade (Figura 11a).

Precauções
Não bater com o densímetro no recipiente.
Ler a densidade na parte inferior do menisco.

2.10. Repetir a operação do item 2.9 em intervalos decrescentes de 10°C.
2.11. Colocar as leituras na Tabela 11a.

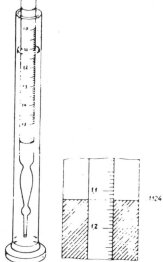

Figura 11a

Disposição do densímetro na proveta com solução e leitura pela escala do densímetro

Manipular o densímetro cuidadosamente

Tabela 11a

Leitura	Temperatura (°C)	Densidade (g/cm³)
1	70	
2	60	
3	50	
4	40	
5	30	
6	ambiente ( )	

V. QUESTIONÁRIO SOBRE A VERIFICAÇÃO EXPERIMENTAL

1. Que procedimento deveríamos usar para determinar a densidade de um cubo de madeira?
2. Qual a concentração (g/ℓ) da solução preparada na parte 2?
3. Fazer um gráfico em papel milimetrado da densidade em função da temperatura.

Anotações:

12   ÁCIDOS E BASES

EXPERIÊNCIA Nº 12

I. OBJETIVOS

Identificar e preparar algumas bases e alguns ácidos em laboratório.
Verificar algumas propriedades funcionais dos ácidos e bases.

II. INTRODUÇÃO TEÓRICA

Segundo Arrhenius, **ácidos** são compostos que, em solução aquosa, ionizam-se, produzindo o íon hidroxônio:

$HCl + H_2O \rightarrow H_3O^+ + Cl^-$

BASES são compostos que, em solução aquosa, dissociam-se, liberando íons hidroxila $(OH)^-$:

$NaOH \rightarrow Na^+ + OH^-$

A Tabela 12a, mostra algumas propriedades funcionais dos ácidos e bases.

Tabela 12a

	ÁCIDOS	BASES (Hidróxidos)
Sabor	Azedo	Adstringente ou amargo
Solubilidade em água	Solúveis (a maior parte)	Solúveis: os formados por metais 1A e 2A
Estrutura	Moleculares	Iônicos: os formados por metais 1A e 2A (Moleculares os demais)
Condutividade Elétrica	Conduzem a corrente elétrica somente quando em solução aquosa	Conduzem a corrente elétrica os hidróxidos dos metais dos grupos 1A e 2A quando em solução aquosa ou fundidos.

Indicadores são substâncias que possuem a propriedade de mudar de cor em função da concentração de íons H_3O^+. A Tabela 12b mostra o comportamento dos ácidos e bases em presença de alguns indicadores.

Tabela 12b

INDICADOR	COR EM MEIO ÁCIDO	COR EM MEIO BÁSICO
Fenolftaleína	incolor	vermelho
Metilorange	vermelho	amarelo
Tornassol	vermelho	azul

As bases podem ser preparadas à partir da reação de metais ativos (1A e 2A) com água, produzindo a base do respectivo metal e libertando o hidrogênio de acordo com a seguinte equação:

$$2K + 2H_2O \rightarrow 2KOH + H_2\uparrow$$

Os óxidos básicos em reação com a água produzem bases de acordo com a equação abaixo:

$$CaO + H_2O \rightarrow Ca(OH)_2$$

Os ácidos podem ser preparados a partir da reação de óxidos ácidos ou anidridos com água, conforme a reação:

$$SO_2 + H_2O \rightarrow H_2SO_3$$

III. MATERIAL E REAGENTES

Tubos de ensaio
Estante para tubos de ensaio
Becker de 250 ml
Erlenmeyers de 250 ml
Pinça metálica
Espátula
Funil comum
Papel de filtro qualitativo
Suporte universal com garra
Solução de fenolftaleína
Solução de metilorange
Solução de hidróxido de sódio 1 N – NaOH
Solução de hidróxido de amônio 1N – NH_4OH
Solução de ácido clorídrico 1 N – HCl
Solução de ácido fosfórico 1 N – H_3PO_4
Solução de ácido sulfúrico 1 N – H_2SO_4
Solução de ácido acético 1 N – CH_3COOH
Solução de ácido oxálico 1 N – $H_2C_2O_4$
Papel de tornassol azul e vermelho
Magnésio em fita ou em fio
Óxido de bário – BaO ou óxido de cálcio – CaO
Sódio metálico ou potássio metálico
Anidrido fosfórico – P_2O_5
Balões de festa (bexigas)

IV. PROCEDIMENTO EXPERIMENTAL

1. *Comportamento de ácidos e bases em presença de indicadores*

1.1. Numerar seis tubos de ensaio e colocá-los numa estante para tubos de ensaio, de acordo com a ordem da Tabela 12c na página seguinte.
1.2. Adicionar cerca de 2 ml de cada uma das soluções ácidas ou básicas, de acordo com a ordem da Tabela 12c.
1.3. Mergulhar a ponta de um papel de tornassol azul nos tubos 1 e 2. Anotar na tabela.
1.4. Mergulhar a ponta de um papel de tornassol vermelho nos tubos 1 e 2. Anotar na tabela.
1.5. Colocar 4 gotas dos respectivos indicadores nos tubos 2, 4, 5 e 6. Anotar as cores na tabela.

Tabela 12c

Tubo	Solução	Indicador	Coloração
1	NaOH	Papel tornassol { azul / vermelho	
2	HNO_3	Papel tornassol { azul / vermelho	
3	CH_3COOH	Metilorange	
4	NH_4OH	Metilorange	
5	H_2SO_4	Fenolftaleína	
6	NaOH	Fenolftaleína	

2. *Preparação de ácidos e bases*

2.1. Colocar uma ponta de espátula de óxido de bário ou óxido de cálcio em um tubo de ensaio.
2.2. Acrescentar 4 ml de água destilada. Agitar. Filtrar.
2.3. Adicionar 4 gotas de fenolftaleína ao filtrado. Agitar. Observar.

_____
_____

Escrever a equação da reação entre o óxido de bário e água.

_____

2.4. Colocar 2 ml de água num tubo de ensaio.
2.5. Adicionar pequena quantidade de anidrido fosfórico. Agitar.
2.6. Adicionar 4 gotas de metilorange. Observar.

_____
_____

Escrever a equação da reação entre o anidrido fosfórico e a água.

_____

Experiência Demonstrativa

2.7. Colocar cerca de 100 ml de água destilada num Becker.
2.8. Adicionar 4 gotas de fenolftaleína. Observar.

_____
_____

2.9. Com o auxílio de uma pinça metálica, acrescentar pequeno pedaço de sódio metálico (queima com chama amarela) ou potássio metálico (queima com chama violeta) ao Becker. Observar.

_____
_____

Qual a cor da solução resultante? _____
Por quê? _____

Escrever a equação da reação entre o potássio metálico ou sódio metálico com a água.

_____

2.10. Colocar 2 mℓ da solução obtida num tubo de ensaio.
2.11. Adicionar 2 mℓ de solução de ácido sulfúrico. Agitar. Observar.

_____
_____

Escrever a equação da reação entre a solução do item 2.8.e o ácido sulfúrico.

_____

Qual o produto insolúvel dessa reação? _____

Observação: As reações de ácido forte com carbonato e de ácido oxidante com cobre aparecem na experiência referente a fenômenos físicos e químicos (itens 5 e 6).

Figura 12a
Antes da Reação

3. *Força dos ácidos*

Nesta experiência, poderemos diferenciar os ácidos através de sua força.
3.1. Numerar cinco Erlenmeyers.
3.2. Colocar 20 mℓ de cada ácido 1 N (HCl, H_3PO_4, H_2SO_4, CH_3COOH e $H_2C_2O_4$) nos respectivos Erlenmeyers.
3.3. Em cada Erlenmeyer colocar 15 cm de fita de magnésio (dobrada e embrulhada em pequeno pedaço de papel toalha).
3.4. Colocar, rapidamente, um balão de borracha na boca de cada Erlenmeyer. (Amaciar o balão de borracha previamente.)
3.5. Agitar até o magnésio começar a reagir com o ácido.
3.6. Marcar o tempo de dois em dois minutos, observando as alturas dos balões nos respectivos tempos, até o término da reação.
3.7. Montar uma tabela, colocando os ácidos em ordem crescente de força, de acordo com a altura do balão. Comparar com os valores teóricos de seus graus de ionização.

Observação: Os 15 cm de fita de magnésio podem ser substituídos por 5 cm de fio de magnésio (Figuras 12a + 12b).

Figura 12b
Após a Reação

V. QUESTIONÁRIO SOBRE A VERIFICAÇÃO EXPERIMENTAL

1. Caracterizar o comportamento dos ácidos e das bases na presença dos indicadores utilizados na experiência.
2. Por que usa-se o magnésio na experiência sobre força dos ácidos?
3. Por que não se deve manipular o sódio metálico ou potássio metálico diretamente com as mãos?
4. Escrever as equações das reações entre os ácidos da experiência com hidróxido de potássio e com hidróxido de cálcio. Que tipo de reação ocorre entre eles?
5. Escrever as equações dos cinco ácidos da experiência com magnésio metálico.

Anotações:

_____
_____
_____

13 HALOGÊNIOS

EXPERIÊNCIA N° 13

I. OBJETIVOS

Verificar, experimentalmente algumas propriedades dos halogênios.

II. INTRODUÇÃO TEÓRICA

Os halogênios são elementos pertencentes à família 7A. Os seus átomos apresentam 7 elétrons periféricos, havendo diferença no número de níveis energéticos.

Nas reações químicas, os halogênios apresentam propriedades oxidantes, recebendo 1 elétron. Suas propriedades redutoras apresentam-se muito fracas e no que diz respeito ao flúor, estas propriedades não existem, sendo impossível que ele perca elétrons em qualquer reação química.

A atividade oxidante dos halogênios aumenta com a diminuição do raio atômico, sendo o flúor o oxidante mais forte. O iodo, em comparação com os outros halogênios, é um redutor mais forte.

Tabela 13a

Halogênio	F	Cℓ	Br	I
Número atômico (Z)	9	17	35	53
Raio (Å)	0,68	0,97	1,13	1,13
Afinidade eletrônica (Kcal)	81,2	86,5	81,5	74,2

Os halogênios, como oxidantes, combinam-se quimicamente com a maioria dos elementos; não reagem diretamente com o oxigênio e o nitrogênio. As moléculas dos halogênios são formados por dois átomos ligados por uma covalência normal, logo não possuem caráter polar.

Nas condições normais, o flúor é um gás amarelado; o cloro é um gás amarelo-esverdeado; o bromo é um líquido castanho que passa facilmente a vapor; o iodo é uma substância sólida de cor violeta-escuro e com brilho metálico.

À temperatura ambiente o iodo passa a vapor (sublimação). A utilização da sublimação é usada para purificar o iodo. Os vapores de iodo possuem coloração violeta, típica das moléculas de I_2.

O iodo apresenta baixa solubilidade em água. Em 1 litro de água é possível dissolver apenas 0,3 g de iodo. Em solução de iodeto de potássio, o iodo apresenta uma solubilidade maior devido a formação de um complexo $K[I_3]$ resultante da reação do íon iodeto com a molécula de I_2:

$$KI + I_2 \rightleftharpoons K[I_3]$$

As soluções aquosas de iodo, apresentam uma coloração parda. O iodo é bastante solúvel em álcool, apresentando uma coloração semelhante a da solução aquosa.

Em solventes não polares ou pouco polares, o iodo **dissolve-se conservando a cor violeta** própria das moléculas de I_2. Em presença de amido, o iodo **dá uma coloração azul**.

O bromo forma soluções cuja cor varia de dourado a marrom, dependendo da sua concentração. A solubilidade do bromo em água é de 3,5%. A solução aquosa de bromo é chamada de **água de bromo**.

A ÁGUA DE CLORO é uma solução de cloro em água. O cloro reage lentamente com a água de acordo com a seguinte equação:

$$Cl_2 + H_2O \rightleftharpoons HClO + HCl$$

Nas soluções aquosas de bromo e de iodo, forma-se um equilíbrio idêntico, mas deslocado em um grau maior para o lado das moléculas do halogênio.

O flúor oxida a água formando ozônio, oxigênio e fluoridreto.

Os halogênios são encontrados na natureza, principalmente na forma de íons eletronegativos e a obtenção no estado livre é conseguida através da sua oxidação.

Exemplo: $2\,Cl^- + 2\,e^- \rightarrow Cl_2$

O íon fluoreto não pode ser isolado pelos processos químicos. O flúor livre pode ser obtido à partir do tratamento de iodato de sódio ($NaIO_3$) com redutores.

Figura 13a

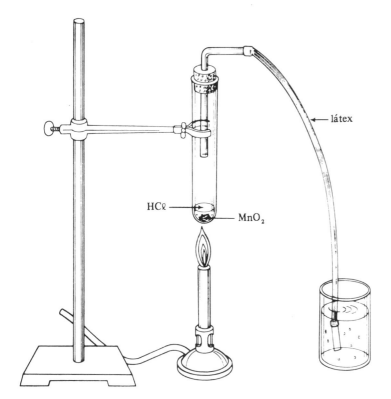

III. MATERIAL E REAGENTES

Tubos de ensaio
Estante para tubos de ensaio
Bico de Bunsen
Suporte universal com garra
Becker de 100 mℓ ou 250 mℓ
Espátula
Tubo de ensaio grande
Vareta de vidro
Mangueira de látex
Pinça metálica
Tela de amianto
Balão de fundo redondo
Papel de tornassol azul
Iodeto de potássio sólido – KI
Iodo sólido – I_2
Clorofórmio – $CHCl_3$
Hidróxido de amônio concentrado – NH_4OH
Água de bromo – Br_2/H_2O
Cobre em raspas – Cu
Solução de hidróxido de potássio 6 M – KOH
Solução de água oxigenada à 3% – H_2O_2
Solução de hipoclorito de sódio à 5% – NaClO
Solução de hidróxido de sódio 0,5M – NaOH
Solução de iodeto de potássio 0,1M – KI
Solução de brometo de potássio 0,1M – KBr
Solução de nitrato de prata à 5% – $AgNO_3$
Solução de amido à 5% – $(C_6H_{10}O_5)_n$

IV. PROCEDIMENTO EXPERIMENTAL

1. *Preparação da água de cloro*

1.1. Montar a aparelhagem conforme a Figura 13a.

Não inalar o gás cloro

Observação: Esta experiência deve ser feita no interior da capela *(o gás cloro é muito irritante)*. Não havendo capela no laboratório, montar apenas dois aparelhos.

1.2. Colocar uma ponta de espátula de MnO_2 no tubo de ensaio grande.
1.3. Adicionar 2 mℓ de HCℓ concentrado. Tapar o tubo.
1.4. Aquecer.
1.5. Recolher o gás cloro no Becker contendo água destilada.
Borbulhar durante aproximadamente 1 minuto.
1.6. Retirar o tubo de vidro do Becker, antes de retirar o bico de Bunsen.
1.7. Reservar a água de cloro obtida para posteriores experiências.
1.8. Substituir o Becker contendo água de cloro por outro Becker contendo solução 0,5M de NaOH.
1.9. Mergulhar uma tira de papel de tornassol azul na solução aquosa de cloro. O que se observa?

_____
_____

A solução de cloro é ácida ou básica? _____
Por quê? _____
_____

2. *Reação de água de cloro com iodeto de potássio*

2.1. Colocar 1,5 mℓ de água de cloro em um tubo de ensaio.
2.2. Adicionar 1,5 mℓ de solução de KI.
2.3. Agitar. Observar.

_____
_____

Escrever a equação da reação ocorrida.

_____

2.4. Adicionar 1 mℓ de clorofórmio. Agitar. Observar.

_____
_____

2.5. Identificar as substâncias de cada fase da mistura, sabendo-se que o iodo é solúvel em clorofórmio e insolúvel (0,3 g/ℓ) em água.

Fase superior: _____
_____

Fase inferior: _____
_____

3. *Reação de água de cloro com brometo de potássio*

3.1. Colocar 1,5 mℓ de água de cloro em um tubo de ensaio.
3.2. Adicionar 1,5 mℓ de solução de KBr.
3.3. Agitar. Observar.

_____
_____

Escrever a equação da reação ocorrida.

_____

3.4. Adicionar 1 mℓ de clorofórmio. Agitar. Observar.

_____
_____

3.5. Identificar as substâncias de cada fase da mistura, sabendo-se que o iodo é solúvel em clorofórmio e pouco solúvel (3,5%) em água.

Fase superior: _____
_____

Fase inferior: _____
_____

4. *Reações de íon iodeto (I^-)*

4.1. Colocar 1 mℓ de solução de KI em um tubo de ensaio.
4.2. Adicionar 1 mℓ de solução de $AgNO_3$. Agitar. Observar.

_____
_____

Escrever a equação da reação.

_____

4.3. Colocar 1 mℓ de solução de KI em um tubo de ensaio.
4.4. Adicionar 2,5 mℓ de solução de amido. Agitar.
4.5. Adicionar 1 gota de solução de NaCℓO. Agitar. Observar.

_____
_____

4.6. Continuar adicionando solução de NaCℓO até que haja uma segunda variação de cor. Observar.

_____

4.7. Explicar os fenômenos ocorridos através de reações.

$2\ KI + NaCℓO + H_2O \rightarrow NaCℓ + I_2 + 2KOH$

_____
_____

4.8. Colocar 1 mℓ de solução de KI em um tubo de ensaio.
4.9. Adicionar 2,5 mℓ de solução de amido.
4.10. Adicionar algumas gotas de H_2O_2 à 3%. Observar.

_____
_____

Escrever a equação da reação.

_____

5. *Reação do iodo com solução básica*

5.1. Colocar alguns cristais de iodo sólido em um tubo de ensaio.
5.2. Adicionar 10 gotas de solução de KOH.
5.3. Agitar o tubo suavemente até o iodo sólido desaparecer e a solução ficar incolor.
Se todo o iodo não se dissolver, aquecer brandamente e adicionar mais KOH.

Escrever a equação da reação ocorrida.

_____

5.4. Adicionar 1 mℓ de solução de $AgNO_3$. Observar.

_____
_____

Comparar com o item 4.2.
Escrever a equação da reação.

_____

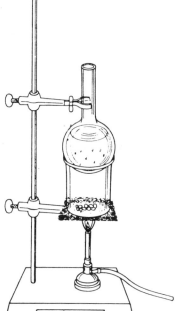

Figura 13b

6. *Solubilidade do iodo*

6.1. Colocar um pequeno cristal de iodo em um tubo de ensaio.
6.2. Adicionar 3 mℓ de água. Observar.
O iodo é solúvel em água? _____
6.3. Adicionar no mesmo tubo um pequeno cristal de KI.

Agitar durante 30-60 segundos. Observar.
O iodo é solúvel em solução de iodeto de potássio?

_____

Por quê?
_____
_____

6.4. Adicionar a esta solução, 2 mℓ de clorofórmio. Agitar. Observar.

_____

Comparar com o item 2.5.

Os vapores de iodo são tóxicos

7. *Sublimação de iodo (Experiência Demonstrativa)*

7.1. Colocar em um balão de fundo redondo, água até completar 3/4 da sua capacidade.
7.2. Colocar 10 cristais de iodo em um Becker.
7.3. Montar a aparelhagem conforme a Figura 13b.
7.4. Aquecer em chama branda, o Becker sobre a tela de amianto.
7.5. Observar a sublimação e a formação de cristais na parede fria do balão.

8. *Reações do bromo com metais*

8.1. Colocar 5 mℓ de água de bromo em um tubo de ensaio.
8.2. Adicionar algumas raspas de cobre.
8.3. Agitar por alguns minutos. Observar.

_____

8.4. Testar a formação de brometo pela adição de solução de $AgNO_3$. Observar.

_____

Escrever a equação da reação:

_____

8.5. Testar a formação do íon cúprico (Cu^{++}) pela adição de NH$_4$OH concentrado. Observar.

_____

_____

Uma coloração azul indica a presença de Cu^{++} pela formação do íon complexo tetra-amin cobre [Cu(NH$_3$)$_4$]$^{++}$

8.6. Colocar 3 ml de água de bromo em um tubo de ensaio.
8.7. Adicionar uma pequena porção de zinco em pó. Observar.

_____

_____

Escrever a equação da reação.

_____

V. QUESTIONÁRIO SOBRE A VERIFICAÇÃO EXPERIMENTAL

1. Por que na obtenção da água de cloro (item 1.6), devemos retirar o tubo de descarga de gás cloro do Becker, antes de retirar o aquecimento?
2. Por que quando se recolhe cloro em água, devemos ao final, substituir o Becker contendo água de cloro por outro contendo solução de hidróxido de sódio?
3. Por que o iodo apresenta boa solubilidade em KI?
4. Pesquisar e explicar através de reações como é feita a gravação do vidro com ácido fluorídrico.
5. O que é tintura de iodo?

Anotações:

14 ÓXIDO – REDUÇÃO

EXPERIÊNCIA Nº 14

I. OBJETIVOS

Verificar, experimentalmente, a tendência que apresentam as substâncias químicas à oxidação e à redução, bem como os produtos de uma reação de óxido-redução.

II. INTRODUÇÃO TEÓRICA

Oxidantes recebem elétrons
Redutores cedem elétrons

Reações que ocorrem com transferência de elétrons, são chamadas de reações de óxido-redução.

As substâncias que perdem elétrons, nas reações de óxido-redução, são chamadas agentes redutores ou simplesmente redutores e as que recebem elétrons, chamam-se agentes oxidantes ou simplesmente oxidantes.

O termo oxidação refere-se a qualquer transformação química onde haja um aumento do número de oxidação. Por exemplo, quando o gás hidrogênio reage para formar água, o Nox dos átomos de hidrogênio passa de zero para mais um; diz-se então que o hidrogênio sofreu uma oxidação. Emprega-se o termo redução sempre que haja diminuição do Nox. Por exemplo, quando o oxigênio reage para formar água, seu Nox passa de zero à menos dois; como houve um decréscimo do Nox, diz-se que o oxigênio foi reduzido.

$$2 \overset{o}{H_2} + \overset{o}{O_2} \rightarrow 2 \overset{+}{H_2} \overset{--}{O}$$

Nos processos de óxido-redução, o aumento ou diminuição de Nox é proveniente de uma transferência de elétrons de um átomo à outro.

O agente oxidante, numa reação de óxido-redução, provoca a oxidação da outra substância ao passo que o agente redutor provoca a redução da outra substância.

Uma barra de zinco foi colocada em uma solução de sulfato de cobre ($CuSO_4$).
A análise mostrou que, após algum tempo, a barra de *zinco* ficou recoberta com *cobre* enquanto que íons Zn^{++} surgiram na solução.

Com os íons Cu^{++} ocorreu: **redução** (diminuição do Nox)

$Cu^{++} + 2\,e^- \rightarrow \overset{o}{Cu}$ (barra)
(solução)

Com o zinco ocorreu: **oxidação** (aumento do Nox).

$\overset{o}{Zn}$ (barra) $\rightarrow Zn^{++} + 2\,e^-$
(solução)

Para conseguir a equação global, vamos somar os dois processos anteriores.

$Cu^{++} + \cancel{2\,e^-} \rightarrow \overset{o}{Cu}$

$\underline{\overset{o}{Zn} \rightarrow Zn^{++} + \cancel{2\,e^-}}$

$Cu^{++} + \overset{o}{Zn} \rightarrow \overset{o}{Cu} + Zn^{++}$

Houve transferência de dois elétrons.
Quem doou elétrons foi a espécie química Zn.
Quem recebeu elétrons foi a espécie química Cu^{++}.
O agente oxidante é a espécie química Cu^{++}.
O agente redutor é a espécie química Zn.

Não há oxidação sem redução

A oxidação e a redução sempre ocorrem simultaneamente e um processo deve compensar o outro.

III. MATERIAL E REAGENTES

Tubos de ensaio
Estante para tubos de ensaio
Tripé de ferro
Tela de amianto
Bico de Bunsen
Becker de 50 mℓ
Pinça de madeira
Pipetas de 5 ou 10 mℓ graduadas
Tiras de papel de filtro
Magnésio em fita
Água de cloro – Cℓ_2 / H$_2$O
Clorofórmio – CHCℓ_3
Dióxido de manganês sólido – MnO$_2$
Álcool etílico – C$_2$H$_5$OH
Água oxigenada – H$_2$O$_2$
Ácido clorídrico concentrado – HCℓ
Solução de sulfato de cobre 0,5 M – CuSO$_4$
Solução de iodeto de potássio 0,5 M – KI
Solução de sulfato ferroso 0,5 M – FeSO$_4$
Solução de permanganato de potássio 0,1 M – KMnO$_4$
Solução de dicromato de potássio 0,1 M – K$_2$Cr$_2$O$_7$
Solução de tiocianato de amônio 0,05 M – NH$_4$SCN
Ácido nítrico conc. – HNO$_3$
Solução de ácido sulfúrico 3 M – H$_2$SO$_4$

IV. PROCEDIMENTO EXPERIMENTAL

1. Colocar 2 mℓ de solução de sulfato de cobre em um tubo de ensaio.
2. Adicionar uma pequena tira de magnésio à solução.
3. Observar durante 15 minutos.
4. Agitar.

Escrever a semi-reação de oxidação.
___

Escrever a semi-reação de redução.
___

Escrever a equação global.
___

Que substância sofreu oxidação? ___
Que substância sofreu redução? ___

5. Colocar uma ponta de espátula de MnO$_2$ em um tubo de ensaio.

6. Adicionar cerca de 2 mℓ de HCℓ concentrado. Deixar reagir durante 2-3 minutos.

Observar: _____

Reação: $MnO_2 + HCℓ \rightarrow MnCℓ_2 + Cℓ_2 + H_2O$

7. Embeber uma tira de papel de filtro em solução de KI e colocá-la na boca do tubo do item anterior e que está liberando gás cloro.
Observar o escurecimento do papel devido a formação de iodo.
Escrever a semi-reação de oxidação.

_____

Escrever a equação da reação global.

_____

Que substância sofreu oxidação? _____

Que substância sofreu redução? _____

8. Colocar 2 mℓ de solução de KI em um tubo de ensaio.
9. Adicionar 2 mℓ de água de cloro. Observar.

_____

Escrever a equação da reação.

_____

Adicionar 2 mℓ de $CHCℓ_3$. Agitar. Observar a coloração.

_____

Quem é o agente oxidante? _____

Quem é o agente redutor? _____

10. Colocar 2 mℓ de solução de $KMnO_4$ em um tubo de ensaio.
11. Adicionar 1 mℓ de solução de H_2SO_4.
12. Adicionar 2 mℓ de H_2O_2. Observar.

_____

Reação:

$KMnO_4 + H_2SO_4 + H_2O_2 \rightarrow H_2O + K_2SO_4 + MnSO_4 + O_2\uparrow$

13. Colocar 2 mℓ de solução de $FeSO_4$ em um tubo de ensaio.
14. Adicionar 1 mℓ de solução de H_2SO_4.
15. Adicionar 2 mℓ de H_2O_2. Agitar. Observar.

_____

_____

16. Adicionar nesse tubo algumas gotas de solução de NH_4SCN.
Observar a mudança de coloração.

De: _____ Para: _____

Reações: $FeSO_4 + H_2SO_4 + H_2O_2 \rightarrow Fe_2(SO_4)_3 + H_2O$

$Fe^{+++} + 6NH_4SCN \rightarrow [Fe(SCN)_6]^{---} + 6NH_4^+$
(Complexo solúvel)

17. Colocar 2 mℓ de ácido nítrico concentrado em um tubo de ensaio.
18. Adicionar uma apara de cobre. Observar a coloração do gás desprendido.

Cor: _____ (NO_2)

Reação: $Cu + HNO_3 \rightarrow Cu(NO_3)_2 + NO_2\uparrow + H_2O$

19. Colocar 8 mℓ de solução de $K_2Cr_2O_7$ em um Becker de 50 mℓ.
20. Adicionar 4 mℓ de solução de H_2SO_4.
21. Adicionar 4 mℓ de álcool etílico.
22. Fazer um aquecimento brando, com auxílio do bico de Bunsen e tela de amianto, até que ocorra a mudança de coloração.

De: _____ Para: _____

Trazer os vapores até o nariz com o concurso da mão

23. Sentir o odor dos vapores desprendidos.

Odor: _____

Reação:
$CH_3CH_2OH + K_2Cr_2O_7 + H_2SO_4 \rightarrow CH_3CHO + K_2SO_4 + Cr_2(SO_4)_3 + H_2O$

V. QUESTIONÁRIO SOBRE A VERIFICAÇÃO EXPERIMENTAL

1. Balancear as equações dos itens 6, 12, 16, 18 e 23, pelo método de óxido-redução.
2. Nos itens 6, 12, 16, 18 e 23, determinar a substância que se oxida, a substância que se reduz, o agente oxidante e o agente redutor.
3. No item 9, por que se adiciona clorofórmio ao final da reação?
Por que aparece uma coloração violeta?
4. No item 16, por que ao final da reação se adiciona tiocianato de amônio?
Por que a solução adquire uma coloração vermelho-sangue?
5. No item 18, por que o cobre reage com ácido nítrico se ele é menos reativo do que o hidrogênio?
6. No item 23, por que a solução adquire uma coloração verde?
Qual o motivo dos vapores desprendidos apresentarem um leve odor de vinagre?

Anotações:

15 REATIVIDADE QUÍMICA DOS METAIS

EXPERIÊNCIA Nº 15

I. OBJETIVOS

Verificar, experimentalmente que os metais menos nobres (mais reativos) deslocam os mais nobres (menos reativos) dos compostos em reações entre metais e soluções iônicas.

II. INTRODUÇÃO TEÓRICA

Os metais estão colocados na fila de reatividade química, em ordem decrescente de reatividade ou em ordem crescente de nobreza.

Quanto maior for a reatividade (eletropositividade) de um metal, maior será a sua capacidade de doar elétrons.

Quando se coloca uma lâmina de zinco (metal branco azulado) em uma solução de sulfato de cobre (solução azul), verifica-se que a placa de zinco fica recoberta por uma substância de aspecto esponjoso e vermelho-escuro (cobre metálico), enquanto os íons Zn^{++} surgiram na solução que se tornou incolor.

A reação ocorre porque o metal zinco apresenta maior capacidade de doar elétrons que o cobre. A equação pode ser representada da seguinte forma:

$$Zn^0 \rightarrow Zn^{++} + 2e^-$$

$$Cu^{++} + 2e^- \rightarrow Cu^0$$

$$Zn^0 + Cu^{++} \rightarrow Zn^{++} + Cu^0$$

lâmina Solução Solução lâmina
        Azul   Incolor

A série de atividade química é organizada por reações deste tipo.

A Tabela 15a na página seguinte, mostra a série de atividade química para um bom número de metais.

III. MATERIAL E REAGENTES

Tubo de ensaio
Estante para tubos de ensaio
Pinça metálica
Pipetas de 5 mℓ
Pinça de madeira
Cuba de vidro
Cobre metálico — Cu
Zinco metálico — Zn
Alumínio metálico — Aℓ
Ferro metálico — Fe
Magnésio metálico em fita — Mg
Solução de fenolftaleína

Solução de sulfato de cobre 0,5 M — $CuSO_4 \cdot 5H_2O$
Solução de nitrato de prata à 2% — $AgNO_3$
Solução de ácido clorídrico 0,5 M — HCl
Solução de hidróxido de sódio 0,5 M — $NaOH$
Solução de Cloreto de sódio 0,5 M — $NaCl$
Ácido nítrico concentrado — HNO_3

Tabela 15a

Série de Atividade Química dos Metais

Estado Reduzido	Estado Oxidado	F.E.M. (Volts)
Cs	Cs^+	+ 3,02
Li	Li^+	+ 3,02
Rb	Rb^+	+ 2,99
K	K^+	+ 2,92
Ba	Ba^{++}	+ 2,90
Sr	Sr^{++}	+ 2,89
Ca	Ca^{++}	+ 2,87
Na	Na^+	+ 2,71
Mg	Mg^{++}	+ 2,34
Al	Al^{+++}	+ 1,67
Mn	Mn^{++}	+ 1,05
Zn	Zn^{++}	+ 0,76
Cr	Cr^{+++}	+ 0,71
Fe	Fe^{++}	+ 0,44
Co	Co^{++}	+ 0,28
Ni	Ni^{++}	+ 0,25
Sn	Sn^{++}	+ 0,14
Pb	Pb^{++}	+ 0,13
H	H^+	0.00
Bi	Bi^{+++}	− 0,32
Cu	Cu^+	− 0,35
Hg	Hg_2^{++}	− 0,80
Ag	Ag^+	− 0,80
Hg	Hg^{++}	− 0,85
Pt	Pt^{++}	− 1,20
Au	Au^{+++}	− 1,42

Metais com tendência crescente para atuar como agente redutor ↑

Íons com tendência crescente para atuar como agente oxidante ↓

IV. PROCEDIMENTO EXPERIMENTAL

1. *Reações de metais com sais*

1.1. Colocar uma lâmina de zinco em três tubos de ensaio.
1.2. Ao primeiro, adicionar 2 ml de solução de sulfato de cobre.
1.3. Ao segundo, adicionar 2 ml de solução de cloreto de sódio.
1.4. Ao terceiro, adicionar 2 ml de solução de nitrato de prata.
1.5. Aguardar 10 minutos.
1.6. Agitar e observar.

Em quais tubos houve reação? _____

Escrever as equações das reações ocorridas.

Em que tubo não houve reação? _____
Justifique.
_____
_____

2. *Reações de metais com ácidos*

2.1. Numerar 5 tubos de ensaio.
2.2. Colocar 2 mℓ de HCℓ 0,5 M em cada um dos tubos numerados.
2.3. Adicionar a cada tubo, aparas de metais, segundo a Tabela 15b.

Tabela 15b

Tubo	Metal	Observa-se	Conclui-se
1	Aℓ		
2	Zn		
3	Cu		
4	Fe		
5	Mg		

2.4. Anotar o tempo que leva para ocorrer cada reação (aproximadamente).
Ordenar os metais em ordem crescente de reatividade de acordo com tempo gasto na reação.
Comparar com a fila de atividade química.

Ordem crescente de reatividade: _____

2.5. Colocar um pequeno pedaço de cobre em um tubo de ensaio.
2.6. Adicionar 2 mℓ de HNO_3 concentrado (Não aspirar os vapores, porque são tóxicos).

Cuidado:
os vapores são tóxicos

Observar: _____
_____

Escrever a equação da reação ocorrida:
_____

3. *Reações de metais com água*

3.1. Colocar 4 mℓ de água em três tubos de ensaio.
3.2. Adicionar ao primeiro, um pequeno pedaço de alumínio.
3.3. Adicionar ao segundo, um pequeno pedaço do cobre.
3.4. Adicionar ao terceiro, um pequeno pedaço de ferro.
3.5. Aquecer cada tubo e observar.
Por que não ocorrem as reações?
_____
_____

Experiência Demonstrativa

3.6. Colocar 6 gotas de fenolftaleína em uma cuba contendo 3/4 de água.
3.7. Retirar com uma pinça metálica, o sódio metálico que está guardado no querosene
3.8. Colocá-lo sobre um papel de filtro e cortar, com uma faca, um pequeno pedaço.

Cuidado: o sódio metálico queima a pele

Cuidado: O sódio ocasiona graves queimaduras em contato com a pele.

3.9. Com a pinça metálica colocar o pequeno pedaço de sódio na cuba com água. Observar.

_____
_____

O que indica a mudança de coloração?

_____
_____

Escrever a equação da reação entre o sódio e a água.

_____

4. *Reação de metais com bases ou hidróxidos*

4.1. Em três tubos de ensaio, colocar 3 mℓ de solução de NaOH.
4.2. Adicionar um pequeno pedaço de alumínio ao primeiro.
4.3. Adicionar um pequeno pedaço de cobre ao segundo.
4.4. Adicionar um pequeno pedaço de ferro ao terceiro.
4.5. Aquecer e observar.

_____
_____

A reação entre o alumínio e o hidróxido de sódio é a seguinte:

$$Aℓ + NaOH + H_2O \rightarrow NaAℓO_2 + 3/2\ H_2\uparrow$$

Por que o cobre e o ferro não reagiram com o NaOH?

_____
_____

V. QUESTIONÁRIO SOBRE A VERIFICAÇÃO EXPERIMENTAL

1. Por que o cobre reage com o ácido nítrico concentrado?
2. Completar as equações abaixo em caso de ocorrência:

a) $Zn\ +\ HNO_3 \longrightarrow$
b) $Cu\ +\ H_2SO_4$ conc. $\longrightarrow$
c) $Mg\ +\ ZnSO_4 \longrightarrow$
d) $Ca\ +\ H_2O \longrightarrow$
e) $Cu\ +\ H_2O \longrightarrow$
f) $Au\ +\ HCℓ \longrightarrow$

_____
_____

16 REDUÇÃO DO ÓXIDO CÚPRICO POR HIDROGÊNIO

EXPERIÊNCIA N? 16

I. OBJETIVOS

Verificar experimentalmente a redução do óxido cúprico através do hidrogênio.

II. INTRODUÇÃO TEÓRICA

Cuidado: a mistura
ar + hidrogênio é explosiva

O hidrogênio, um dos elementos mais importantes, apresenta-se como gás às temperaturas superiores a $-235^{\circ}C$. É um gás combustível e forma uma mistura explosiva com o oxigênio do ar. Por este motivo, devemos tomar muito cuidado na sua manipulação. Se o hidrogênio estiver puro ao escapar do tubo gerador, queimará calmamente com uma chama incolor, muito quente. O hidrogênio pode ser preparado através de diversos métodos:

eletrólise da água : $2 H_2O \xrightarrow{eletricidade} 2 H_2\uparrow + O_2\uparrow$

ação de ácidos sobre metais : $Zn^0 + H_2SO_4 \rightarrow ZnSO_4 + H_2\uparrow$

ação da água sobre metais ativos: $2 Na^0 + 2 H_2O \rightarrow 2 NaOH + H_2\uparrow$

O cobre é um metal vermelho que em contato com o ar reveste-se lentamente de uma camada de carbonato básico, que o protege de ataque posterior. Aquecido ao ar perde o brilho com formação superficial de óxido. Sob aquecimento forte e prolongado, o metal é completamente convertido em óxido de cobre I (vermelho). Este, por sua vez tanto quanto o óxido de cobre II (preto), quando aquecido com agentes redutores como o hidrogênio, monóxido de carbono, hidrocarbonetos e carbono, reduz-se à metal.

III. MATERIAL E REAGENTES

Funil de decantação com haste longa
Kitassato de 500 mℓ
Tubo de secagem
Bico de Bunsen
Vareta de vidro
Mangueira de látex
Suporte universal com garras e argolas
Tela de amianto
1 tubo de ensaio grande
1 tubo de ensaio pequeno
Algodão
Funil de vidro comum
Cloreto de cálcio anidro – $CaCl_2$
Óxido de cobre II
Zinco em aparas ou granulado
Solução de ácido sulfúrico 3 M – H_2SO_4
Solução de sulfato cúprico 1M – $CuSO_4.5H_2O$

IV. PROCEDIMENTO EXPERIMENTAL

Não conecte, neste momento, o tubo com CuO, ao sistema

1. Montar a aparelhagem de acordo com a Figura 16a. "Não adaptar o tubo contendo CuO ao sistema."
2. Introduzir aproximadamente 10-15 g de zinco metálico no Kitassato.
3. Adicionar água ao Kitassato até cobrir a extremidade do funil de decantação.
4. Em seguida, adicionar 1 mℓ de solução de $CuSO_4 \cdot 5H_2O$ através do funil de decantação.
5. Colocar aproximadamente 100 mℓ de H_2SO_4 3 M no funil de decantação.
6. Adicionar ácido sulfúrico através do funil de decantação, gota a gota, dando assim início ao fluxo de hidrogênio.
Manter um fluxo moderado e constante.

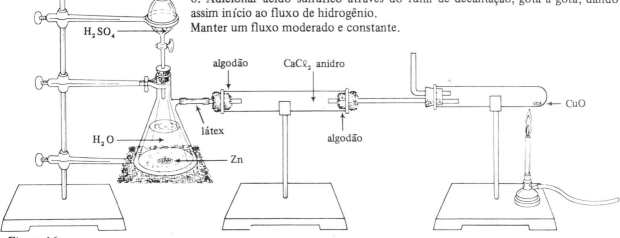

Figura 16a

Observação. Adicionando-se ácido sulfúrico demasiado ao mesmo tempo, forma-se muita espuma e o líquido pode ser arrastado ao tubo de secagem. Se isto acontecer, limpar o aparelho e começar novamente.

Ácido sulfúrico em demasia leva ao recomeço da experiência

7. Deixar o hidrogênio fluir durante 5 minutos pela aparelhagem, para deslocar o ar nela contido.
8. Testar conforme segue

Coletar o hidrogênio em um tubo de ensaio, segurando-o por cerca de 2 minutos com a saída em seu interior (lembrar que o hidrogênio é mais leve que o ar). Inflamar o hidrogênio contido no tubo de ensaio. Quando o hidrogênio neste tubo queimar com não mais que um ruído fraco, pode-se considerar a aparelhagem livre de oxigênio.

9. Colocar, então, na saída de hidrogênio, o tubo de ensaio que contém 2 g de CuO, com a extremidade aberta voltada para baixo.

Cuidado: Ocorrerá uma explosão se aquecermos de imediato, devido a mistura (H_2 + ar).

Deixar escoar a corrente de hidrogênio à frio por 3 minutos.

10. Aquecer com bico de Bunsen, pouco a pouco e, mais tarde fortemente, o CuO durante alguns minutos.
11. Observar a formação do cobre metálico na parede do tubo (cor vermelha).
12. Depois de todo óxido se tiver reduzido, apagar o bico de Bunsen e deixar esfriar em corrente de hidrogênio.

V. QUESTIONÁRIO SOBRE A VERIFICAÇÃO EXPERIMENTAL

1. Por que o hidrogênio desloca o cobre do CuO?
2. Qual a diferença química entre a combustão e explosão do hidrogênio?
3. Escrever a equação da reação entre o zinco e o ácido clorídrico.
4. Escrever a equação da reação entre o óxido cúprico e o hidrogênio.
5. Qual a função do sulfato cúprico nessa reação? Como ele atua?
6. Qual a função do cloreto de cálcio anidro nesta experiência?
7. Por que, depois de reduzido o CuO, devemos deixar esfriar o tubo em corrente de hidrogênio?

17 ESTUDO DA REAÇÃO ENTRE O FERRO E O CLORETO CÚPRICO

EXPERIÊNCIA Nº 17

I. OBJETIVOS

Verificar, experimentalmente a reação entre o ferro e o cloreto cúprico.
Verificar a quantidade de cobre que pode ser deslocada do seu cloreto, pelo ferro.

II. INTRODUÇÃO TEÓRICA

Nesta reação poderemos determinar a massa de ferro que reage com cobre e expressá-la de uma forma mais útil ou seja como uma relação entre moles de ferro e cobre.
Este tipo de reação é denominado de reação de deslocamento.

$$Fe + CuCl_2 \rightarrow Cu + FeCl_2$$

III. MATERIAL E REAGENTES

Balança
Beckers de 250 ml
Bagueta de vidro
Pinça metálica
Dois pregos
Bom Bril
Pisseta com água destilada
Cloreto cúprico sólido — $CuCl_2$
Solução de HCl 1 M

IV. PROCEDIMENTO EXPERIMENTAL

1. Pesar um Becker de 250 ml, limpo e seco. (m_1)

m_1 = _____ g   (Precisão de 10^{-2} g)

2. Pesar nesse Becker, aproximadamente, 8,50 g de cloreto cúprico.

m_2 = _____ g

3. Adicionar 50 ml de água destilada ao Becker contendo $CuCl_2$.
4. Agitar até que se dissolvam os cristais.

Qual a cor da solução?

Cor: _____

5. Limpar dois pregos com Bom Bril para eliminar o óxido ou alguma capa protetora que possa existir.

6. Pesar os dois pregos juntos, com precisão de 10^{-2} g.

m_3 = _____ g

7. Colocar os pregos na solução de $CuCl_2$ e deixar em repouso por 20-30 minutos.
8. Pegar os pregos, um a um, com o auxílio de uma pinça metálica.
9. Retirar o produto de cor grená que se formou sobre os mesmos, com o auxílio dos jatos da pisseta, de modo que o dito produto passe para o Becker (Figura 17a).
10. Guardar os pregos, em lugar seguro, para que sequem.
11. Quando estiverem secos, pesam-se para determinar a massa final, com precisão de 10^{-2} g.

Figura 17a

m_4 = _____ g

12. Decantar com cuidado a solução e o produto formado (grená) que ficou no Becker (Figura 17b).
13. Lavar o resíduo com aproximadamente 25 ml de água destilada, e decantar. Repetir o processo, lavando e decantando 4 à 5 vezes. Procurar perder a mínima quantidade de sólido possível.
14. Em seguida, lavar o sólido com aproximadamente 25 ml de solução de HCl 1 M. Decantar e lavar outra vez com água destilada.
15. Secar o sólido dentro de Becker em uma estufa ou outro meio improvisado.
16. Quando o sólido estiver seco, deixa-se resfriar o Becker (num dessecador de preferência) até a temperatura ambiente.
17. Para garantir que o sólido está seco, pode-se secar novamente.
18. Pesar o conjunto sólido + Becker, com precisão de 10^{-2} g.

Figura 17b

m_5 = _____ g

V. CÁLCULOS

1. Massa de ferro antes da reação = m_3
2. Massa de ferro depois da reação = m_4
3. Massa do Becker + produto seco = m_5
4. Massa do Becker limpo e seco = m_1
5. Massa de ferro usada = m_6

$m_6 = m_3 - m_4$

m_6 = _____ − _____ = _____ g

6. Moles de ferro usados

Fe = 55,84

$$n_{Fe} = \frac{m}{atg} = \frac{}{55,84 \text{ g}} = \underline{\qquad} \text{ moles}$$

7. Massa do produto seco = m_7

$m_7 = m_5 - m_1$ = _____ − _____ = _____ g

8. Supondo que o produto seco é cobre, determina-se o número de moles do cobre.

Cu = 63,54

$$n_{Cu} = \frac{m}{atg} = \frac{}{63,54\ g} = \underline{}\ moles$$

9. Relação molar $= \dfrac{moles\ de\ ferro}{moles\ de\ cobre} = \underline{} = \underline{}$

VI. QUESTIONÁRIO SOBRE A VERIFICAÇÃO EXPERIMENTAL

1. Por que a solução de cloreto cúprico é azul?
2. Por que no item 14 lava-se o sólido com solução de HCℓ?
3. Nesta experiência, qualquer metal podéria ser usado em lugar do ferro?

Anotações:

18
DETERMINAÇÃO DO EQUIVALENTE-GRAMA DE UM METAL

EXPERIÊNCIA N? 18

I. OBJETIVOS

Estudar um método de determinação da massa equivalente ou equivalente-grama de um metal-método rápido e aproximado.

II. INTRODUÇÃO TEÓRICA

Chama-se equivalente químico a quantidade em massa de uma substância que em uma reação química pode combinar-se com 8 gramas de oxigênio ou 1,008 gramas de hidrogênio ou substituí-las. A quantidade da substância, em gramas, numericamente igual ao equivalente denomina-se *equivalente-grama.*

> Massa atômica = equivalente x valência

Diferentes substâncias reagem em quantidades equivalentes. Se conhecermos o equivalente e a valência do elemento, podemos determinar sua massa atômica, visto que essas grandezas estão na seguinte relação: massa atômica = equivalente x valência.

Pode-se encontrar o equivalente de um elemento por métodos químicos, determinando-se a quantidade de hidrogênio, oxigênio ou outro elemento combinado.

A experiência fundamenta-se na reação de determinada massa de um metal (mais reativo que o hidrogênio, para poder haver deslocamento de hidrogênio – H_2) com um ácido, determinando-se o volume de H_2 desprendido pelo deslocamento de igual volume de água.

Sendo a massa equivalente do elemento hidrogênio igual a $\frac{\text{massa atômica}}{1}$, sendo o gás hidrogênio representado por moléculas diatômicas, sua massa equivalente deve ser a metade de sua massa molecular.

Portanto, uma vez que molécula-grama do hidrogênio ocupa um volume de 22,4 litros nas condições normais de pressão e temperatura (C.N.T.P.), a massa equivalente no hidrogênio ocupará um volume de 11,2 litros nas C.N.T.P.

Corrige-se o volume de hidrogênio às C.N.T.P., levando-se em consideração a pressão de vapor da água, uma vez que o gás será recolhido em água.

$$P_{gás} = P_{atmosférica} - P_{vapor\ da\ água}$$

Devemos consultar numa tabela, a pressão de vapor da água, na temperatura de trabalho.

Temos, então o volume de hidrogênio (C.N.T.P.) determinado pela equação geral dos gases, libertado por uma massa conhecida do metal, a partir do qual podemos calcular o equivalente do metal, uma vez que o equivalente do hidrogênio ocupa 11,2 litros.

1 Eq-g do metal (g)	$\longrightarrow$	11,2 litros de H_2
x (g) do metal (a)	$\longrightarrow$	y (litros) de H_2 (b)

a = massa do metal pesado para a experiência
b = volume de hidrogênio deslocado por essa massa do metal (corrigido para as C.N.T.P.)

III. MATERIAL E REAGENTES

Balão de fundo chato de 250 ml
Frasco lavador de 250 ml
Pinça de Hoffman ou Mohr
Proveta de 100 ml
Rolha de borracha
Varetas de vidro
Mangueira de látex
Argolas de metal com placas de madeira
Suportes universais
Garras para suporte e mufas
Termômetro — Balança analítica
Zinco metálico em aparas
Solução 5 M de sulfato cúprico — $CuSO_4 \cdot 5H_2O$
Solução de ácido clorídrico 1:1 — HCl

IV. PROCEDIMENTO EXPERIMENTAL

1. Colocar água no frasco lavador até completar 2/3 do seu volume e esperar até que a temperatura seja igual a do ambiente.
2. Soprar, levemente, pelo tubo de borracha A até que os volumes de água na proveta e no frasco lavador estejam em equilíbrio (observe para que o tubo B esteja totalmente introduzido na proveta).
3. Colocar 20 ml de HCl 1:1 no balão com o auxílio de um funil.
4. A seguir adicionar 5 gotas de solução de sulfato cúprico. "O gargalo do balão deve ficar perfeitamente seco."
5. Pesar 0,10 — 0,12 g de metal, em uma tira de papel e introduzir no gargalo do balão (mantido na posição horizontal). Na Figura 18a podemos perceber que essa posição é a que se encontra em cor. m = _____ g

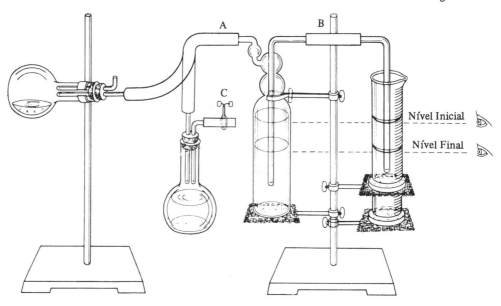

Figura 18a

6. Acoplar a rolha. O metal ficará, então, retido na tira de papel.
7. Aguardar que se ajustem os níveis iniciais do frasco lavador e da proveta, conforme a Figura 18a (garantindo que a pressão interna seja igual à pressão externa), mantendo para tanto, a pinça C aberta.
8. Anotar a leitura do nível inicial da proveta (volume inicial)

V_i = _____ ml

9. Fechar a pinça C.
10. Deixar cair o metal no ácido, soltando a garra e colocando o balão na posição vertical, agitando-o constantemente.

Na reação que ocorre, haverá desprendimento de hidrogênio que deslocará a água pelo tubo B.

11. Terminada a reação, ajustar novamente o nível final da proveta em relação ao nível do frasco lavador (a operação deve ser feita, movimentando-se cuidadosamente a proveta, para tanto deve-se soltar o anel que a suporta. Ver a indicação na Figura 18a.

12. Aguardar o equilíbrio da temperatura e anotar a leitura do nível final da proveta (volume final).

V_f = _____ mℓ

13. A diferença volume final – volume inicial corresponde ao volume de água deslocado pelo volume de hidrogênio à pressão e temperatura ambientes

V_{H_2} = V_f – V_i = _____ – _____ = _____ mℓ

14. Anotar a temperatura e pressão ambientes.

t = _____ °C _____ P = _____ mm Hg

V. QUESTIONÁRIO SOBRE A VERIFICAÇÃO EXPERIMENTAL

1. Escrever a equação da reação entre o zinco e o ácido clorídrico.
2. Por que a pressão do H_2 do frasco lavador é igual a pressão lida num barômetro externamente?
3. Calcular, demonstrando claramente o equivalente-grama do zinco.
4. Comparar o valor encontrado experimentalmente com o valor teórico e comentar os prováveis desvios.
5. Explicar a atuação do sulfato cúprico na reação.

Anotações:

PURIFICAÇÃO DA ÁGUA. DESTILAÇÃO

EXPERIÊNCIA N? 19

I. OBJETIVOS

Executar uma técnica de purificação da água.

II. INTRODUÇÃO TEÓRICA

Setenta e cinco por cento da matéria na superfície terrestre é constituída de água, sendo portanto, a substância mais abundante da natureza.

A água participa, em alta porcentagem, na constituição do mundo vegetal e animal. A atmosfera pode conter até 4%, em volume, de vapor d'água, a qual por variação de pressão e temperatura, passa para a forma líquida (chuva ou garoa), ou para a forma sólida (granizo ou neve).

Na temperatura ambiente, a água é um líquido insípido e inodoro.

Submetendo-se 1000 mℓ de água à uma pressão de 2 atmosferas o volume será reduzido de 0,05 mℓ.

A água, sob pressão de 1 atmosfera (760 mm Hg), entra em ebulição à 100°C.

Aumentando-se a pressão, aumenta-se o ponto de ebulição e vice-versa. Portanto, é preciso indicar a pressão quando se dá o ponto de ebulição de um líquido.

A água solidifica-se a 0°C, formando gelo cristalino.

A densidade da água, à 4°C é igual à 1 g/cm^3.

A água é um solvente polar, portanto, dissolve compostos iônicos e polares. Não dissolve substâncias apolares.

A água conforme é encontrada na natureza, contém impurezas em suspensão e impurezas dissolvidas (geralmente gases e sólidos). As impurezas insolúveis são separadas por filtração e as solúveis por destilação.

Propriedades Químicas da Água

1. *Reação com óxidos básicos*

$CaO + H_2O \rightarrow Ca(OH)_2$
$K_2O + H_2O \rightarrow 2 KOH$

2. *Reação com óxidos ácidos (anidridos)*

$SO_2 + H_2O \rightleftharpoons H_2SO_3$
$CO_2 + H_2O \rightleftharpoons H_2CO_3$

3. *Reação com metais ativos*

$2 Na + 2H_2O \rightarrow 2 NaOH + H_2\uparrow$
$2 K + 2H_2O \rightarrow 2 KOH + H_2\uparrow$

4. *Hidratação de sais*

$CuSO_4 + 5 H_2O \rightarrow CuSO_4 \cdot 5 H_2O$
$CaCl_2 + 6 H_2O \rightarrow CaCl_2 \cdot 6 H_2O$

5. *Ação catalítica*

$$HCl + NH_3 \xrightarrow{H_2O} NH_4Cl$$

6. *Líquido ionizante*

Em função da alta polarização, as moléculas de água, possuem alto poder de ionização e dissociação.

$$HCl + H_2O \rightleftharpoons H_3O^+ + Cl^-$$

$$NaOH \xrightarrow{H_2O} Na^+ + OH^-$$

$$NaCl \xrightarrow{H_2O} Na^+ + Cl^-$$

III. MATERIAIS E REAGENTES

3 suportes universais
Garras e mufas
Anel de ferro
Garra de condensador
Bolinhas de vidro
Tela de amianto
Condensador de Liebig (reto)
Balão de fundo redondo ou balão de destilação (500 mℓ)
Becker de 400 ou 600 mℓ — 2 unidades
Funil analítico
Baguetas
Proveta de 100 mℓ
Mangueira de látex
Bico de Bunsen
Erlenmeyer de 250 ou 100 mℓ
Rolha de borracha
Água impura
Sugestão: Água da chuva

IV. PROCEDIMENTO EXPERIMENTAL

1. Descrever o aspecto da amostra recebida.

_____
_____
_____

2. Filtrar a amostra recebida, para separar as impurezas insolúveis. [Vide Figura 4e da Experiência 04.]
3. Descrever o aspecto do resíduo.

_____
_____
_____

4. Descrever o aspecto do filtrado.

_____
_____
_____
_____

5. Medir 100 mℓ de água filtrada, numa proveta e transferir para o balão de destilação ou balão de fundo redondo. Adicionar algumas esferas de vidro.
6. Montar a aparelhagem de destilação conforme a Figura 19a.

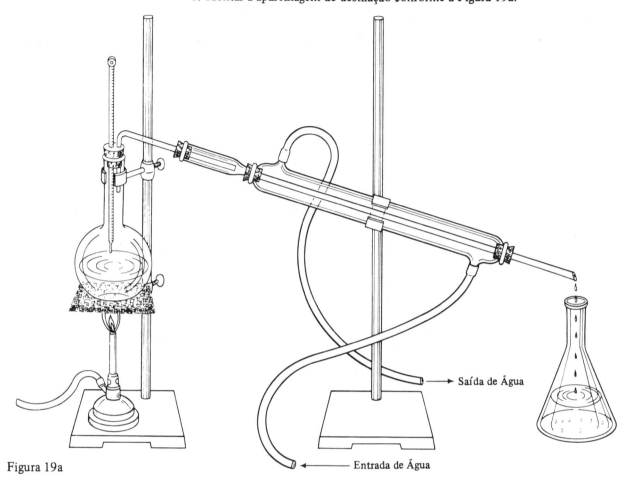

Figura 19a

7. Abrir a torneira para dar a entrada de água no condensador. Manter um fluxo constante de água.
8. Acender o bico de Bunsen e iniciar a destilação.
9. Recolher a água destilada num Erlenmeyer. Desprezar os 10% iniciais e 10% finais da destilação.

V. QUESTIONÁRIO SOBRE A VERIFICAÇÃO EXPERIMENTAL

1. Á água destilada contém gases dissolvidos? E silicatos dissolvidos?
2. Por que na destilação, a entrada de água deve ser feita pela parte inferior do condensador?
3. Por que se despreza os 10% iniciais e finais da destilação?
4. Explicar fisicamente como ocorre a destilação da água.
5. Pesquisa bibliográfica.
5.1. O que é **água dura**?
5.2. Como é feita a purificação da água para fins domésticos?
6. Qual a função das bolinhas de vidro na destilação?

_____
_____
_____
_____

20 PESQUISA QUALITATIVA DE ALGUNS CÁTIONS

EXPERIÊNCIA N.º 20

I. OBJETIVOS

Identificar experimentalmente a presença de alguns cátions em algumas substâncias.

II. INTRODUÇÃO TEÓRICA

O objetivo da Química Analítica Qualitativa é identificar os componentes de uma substância ou de misturas de substâncias. Na maioria das vezes, a identificação química de uma substância implica na sua transformação (com ajuda de outra substância conhecida) em um novo composto que possui certas propriedades observáveis visualmente. Esta transformação corresponde a uma reação química.

Nesta experiência, estudaremos algumas reações características dos cátions: Pb^{++}, Ag^+, Fe^{3+}, Ca^{++}, Ba^{++}, Cr^{3+}, Cu^{++}.

III. MATERIAL E REAGENTES

Tubos de ensaio
Estante para tubos de ensaio
Pipetas graduadas de 5 ml
Soluções (250 ml):
0,03 M de nitrato de chumbo – $Pb(NO_3)_2$
0,10 M de ácido clorídrico – HCl
0,02 M de nitrato de prata – $AgNO_3$
0,05 M de cloreto férrico – $FeCl_3$
0,01 M de ferrocianeto de potássio – $K_4[Fe(CN)_6]$
0,10 M de tiocianato de amônio – NH_4SCN
0,05 M de cloreto de bário – $BaCl_2$
0,05 M de cromato de potássio – K_2CrO_4
0,10 M de carbonato de amônio – $(NH_4)_2CO_3$
0,10 M de cloreto de cálcio – $CaCl_2$
0,10 M de oxalato de amônio – $(NH_4)_2C_2O_4$
0,05 M de cloreto de cromo – $CrCl_3 \cdot 6H_2O$
0,05 M de hidrogenofosfato de sódio – Na_2HPO_4
0,05 M de sulfato cúprico – $CuSO_4 \cdot 5H_2O$

IV. PROCEDIMENTO EXPERIMENTAL

1. Cátion Pb^{++}

1.1. Colocar 1 ml de solução de $Pb(NO_3)_2$ em um tubo de ensaio.
1.2. Adicionar 1 ml de solução de HCl. Agitar.

O aparecimento de um precipitado branco, indica a formação de $PbCl_2$ (insolúvel) e a presença de Pb^{++}.

Escrever a equação da reação, dando o nome de cada substância e o nome da substância insolúvel.

_____

_____

1.3. Colocar 1 mℓ de solução de $Pb(NO_3)_3$ em um tubo de ensaio.
1.4. Adicionar 1 mℓ de solução de KI. Agitar.

O aparecimento de um precipitado amarelo, indica a formação de PbI_2 (insolúvel), confirmando a presença do cátion Pb^{++}.

Escrever a equação da reação, dando o nome de cada substância e o nome da substância insolúvel.

_____

_____

2. Cátion Ag^+

2.1. Colocar 1 mℓ de solução de $AgNO_3$ em um tubo de ensaio.
2.2. Adicionar 1 mℓ de solução de HCℓ. Agitar.

O aparecimento de um precipitado branco, indica a formação de AgCℓ (insolúvel) e a presença de Ag^+.

Escrever a equação da reação, dando o nome de cada substância e o nome da substância insolúvel.

_____

_____

O precipitado de AgCℓ pode ser solubilizado pela solução de NH_4OH, devido à formação de um complexo solúvel chamado de cloreto de diamin-prata.

$AgCℓ + 2 NH_3 \rightarrow [Ag(NH_3)_2]Cℓ$

2.3. Adicionar ao tubo que contém o precipitado AgCℓ, 2-3 mℓ de solução de NH_4OH. Agitar.
Observar: _____

_____

2.4. Colocar 1 mℓ de solução de $AgNO_3$ em tubo de ensaio.
2.5. Adicionar 1 mℓ de solução de KI. Agitar.

O aparecimento de um precipitado amarelo, indica a formação de AgI (insolúvel), confirmando a presença de Ag^+.

Escrever a equação da reação, dando o nome de cada substância e o nome da substância insolúvel.

_____

_____

3. Cátion Fe^{3+}

3.1. Colocar 1 mℓ de solução de $FeCℓ_3$ em um tubo de ensaio.
3.2. Adicionar 1 mℓ de solução de NH_4SCN. Agitar.

O aparecimento de uma coloração vermelho-sangue, indica a formação do complexo $Fe[Fe(SCN)_6]$ (solúvel) e a presença de Fe^{3+}.

$2 FeCℓ_3 + 6 NH_4SCN \rightarrow Fe[Fe(SCN)_6] + 6 NH_4Cℓ$

3.3. Colocar 1 mℓ de solução de $FeCℓ_3$ em um tubo de ensaio.

3.4. Adicionar 1 mℓ de solução de $K_4[Fe(CN)_6]$. Agitar.

O aparecimento de coloração azul intenso (Azul da Prússia) indica a formação do complexo $Fe_4[Fe(CN)_6]_3$ (solúvel), confirmando a presença de Fe^{3+}.

Escrever a equação da reação, dando o nome de cada substância.

_____
_____

4. Cation Ba^{++}

4.1. Colocar 1 mℓ de solução de $BaCl_2$ em um tubo de ensaio.
4.2. Adicionar 1 mℓ de solução de K_2CrO_4. Agitar.

O aparecimento de um precipitado amarelo, indica a formação de $BaCrO_4$ (insolúvel) e a presença de Ba^{++}.

Escrever a equação da reação, dando o nome de cada substância.

_____
_____

4.3. Colocar 1 mℓ de solução de $BaCl_2$ em tubo de ensaio.
4.4. Adicionar 1 mℓ de solução de $(NH_4)_2CO_3$. Agitar.

O aparecimento de um precipitado branco, indica a formação de $BaCO_3$ (insolúvel), confirmando a presença de Ba^{++}.

Escrever a equação da reação, dando o nome de cada substância.

_____
_____

5. Cátion Ca^{++}

5.1. Colocar 1 mℓ de solução de $CaCl_2$ em um tubo de ensaio.
5.2. Adicionar 1 mℓ de solução de $(NH_4)_2C_2O_4$. Agitar.

O aparecimento de um precipitado branco, indica a formação de CaC_2O_4 (insolúvel) e a presença de Ca^{++}.

Escrever a equação da reação, dando o nome de cada substância.

_____
_____

5.3. Colocar 1 mℓ de solução de $CaCl_2$ em um tubo de ensaio.
5.4. Adicionar 1 mℓ de solução de $(NH_4)_2CO_3$. Agitar.

O aparecimento de um precipitado branco, indica a formação de $CaCO_3$ (insolúvel), confirmando a presença de Ca^{++}.

Escrever a equação da reação, dando o nome de cada substância.

_____
_____
_____

6. Cátion Cr^{3+}

6.1. Colocar 1 mℓ de solução de $CrCl_3 \cdot 6H_2O$ em um tubo de ensaio.
6.2. Adicionar 1 mℓ de solução de Na_2HPO_4. Agitar.

O aparecimento de um precipitado verde, indica a formação de $CrPO_4$ (insolúvel) e a presença de Cr^{3+}.

$$CrCl_3 + 2\,Na_2HPO_4 \rightarrow CrPO_4 + 3\,NaCl + NaH_2PO_4$$

6.3. Colocar 1 ml de solução de $CrCl_3.6\,H_2O$ em um tubo de ensaio.
6.4. Adicionar 1 ml de solução de NH_4OH. Agitar.

O aparecimento de um precipitado gelatinoso cinza esverdeado à cinza azulado, indica a formação de $Cr(OH)_3$ (ligeiramente solúvel em excesso de precipitante), confirmando a presença de Cr^{3+}.

$$CrCl_3 + 3\,NH_4OH \rightarrow Cr(OH)_3 + 3\,NH_4Cl$$

7. Cátion Cu^{++}

7.1. Colocar 1 ml de solução de $CuSO_4.5\,H_2O$ em um tubo de ensaio.
7.2. Adicionar 1 ml de solução de NH_4OH. Agitar.

O aparecimento de um precipitado azul celeste, indica a formação de um sal básico, solúvel em excesso de reativo com formação de uma solução azul intenso que contém o sal complexo sulfato tetramincúprico $[Cu(NH_3)_4]SO_4$

$$2\,CuSO_4 + 2\,NH_4OH \rightarrow CuSO_4 \cdot Cu(OH)_2 + (NH_4)_2SO_4$$
Com excesso do reativo:
$$CuSO_4 \cdot Cu(OH)_2 + (NH_4)_2SO_4 + 6\,NH_4OH \rightarrow 2\,[Cu(NH_3)_4]SO_4 + 8\,H_2O$$

7.3. Colocar 1 ml de solução de $CuSO_4.5\,H_2O$ em um tubo de ensaio.
7.4. Adicionar 1 ml de solução de NH_4SCN. Agitar.

O aparecimento de um precipitado negro, indica a formação de $Cu(SCN)_2$ (insolúvel), confirmando a presença de Cu^{++}.

Escrever a equação da reação, dando o nome de cada substância.

_____
_____

V. QUESTIONÁRIO SOBRE A VERIFICAÇÃO EXPERIMENTAL

1. Reescrever as equações das reações ocorridas, indicando com um grifo a substância que permitiu a identificação do cátion.
2. Dar o nome dos produtos formados.
3. Para que servem a Química Analítica Qualitativa e a Química Analítica Quantitativa?
4. Qual a diferença teórica e a diferença prática entre um metal (Me) e o seu cátion $(Me)^{++}$?

Observação: Os volumes de solução dos reagentes ou de qualquer um deles isoladamente pode ser alterado à medida que facilite uma melhor observação experimental.

Esta observação é válida também para a próxima experiência.

_____
_____
_____

PESQUISA QUALITATIVA DE ALGUNS ÂNIONS

EXPERIÊNCIA N.º 21

I. OBJETIVOS

Identificar, experimentalmente, a presença de alguns ânions em algumas substâncias.

II. INTRODUÇÃO TEÓRICA

Nesta experiência, faremos a identificação de alguns ânions. Para isso, devemos reagi-los com cátions conhecidos. Trata-se ainda, da Química Analítica Qualitativa.

Os ânions analisados nesta experiência são: $(CO_3)^{--}$, $(SO_3)^{--}$, $(Br)^-$, $(CrO_4)^{--}$, $(Cr_2O_7)^{--}$, $(SiO_3)^{--}$, $(NO_3)^-$ e $(PO_4)^{---}$

III. MATERIAL E REAGENTES

Tubos de ensaio
Estante para tubos de ensaio
Espátula
Rolhas
Vara de vidro
Pipetas graduadas de 5 mℓ
Pinça de madeira
Bico de Bunsen
Papel de tornassol azul
Água oxigenada à 20 volumes – H_2O_2
Ácido sulfúrico concentrado – H_2SO_4
Carbonato de sódio sólido – Na_2CO_3
Nitrato de sódio sólido – $NaNO_3$
Soluções (250 mℓ):
0,05 M de cloreto de bário – $BaCl_2$
0,02 M de nitrato de prata – $AgNO_3$
0,10 M de ácido clorídrico – HCl
0,10 M de sulfito de sódio – Na_2SO_3
0,10 M de metassilicato de sódio – Na_2SiO_3
0,05 M de cromato de potássio – K_2CrO_4
0,02 M de dicromato de potássio – $K_2Cr_2O_7$
0,10 M de nitrato de sódio – $NaNO_3$
0,10 M de sulfato ferroso – $FeSO_4$
0,10 M de brometo de potássio – KBr
0,01 M de permanganato de potássio – $KMnO_4$
0,10 M de ácido sulfúrico – H_2SO_4
0,10 M de cloreto férrico – $FeCl_3$
0,10 M de hidrogenofosfato de sódio – Na_2HPO_4
Água de cal – $Ca(OH)_2$

IV. PROCEDIMENTO EXPERIMENTAL

1. Ânion Carbonato – $(CO_3)^{--}$

1.1. Colocar 1 mℓ de solução de $BaCl_2$ em um tubo de ensaio.
1.2. Adicionar 1 mℓ de solução de Na_2CO_3. Agitar.

O aparecimento de um precipitado branco, indica a formação de $BaCO_3$ (insolúvel) e a presença do *ânion carbonato*.
Escrever a equação da reação, dando o nome de cada substância.

_____
_____

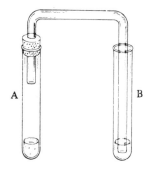

Figura 21a

1.3. Montar um sistema, como mostra a Figura 21a.
1.4. Colocar no tubo A, uma ponta de espátula de carbonato de sódio sólido.
1.5. Colocar no tubo B, água de cal.
1.6. Adicionar 2 mℓ de solução de ácido clorídrico no tubo A e tampar rapidamente. Observar.

_____
_____

Uma turvação da água de cal, indica a presença de gás carbônico (CO_2), proveniente da decomposição do carbonato.

$$Na_2CO_3 + 2HCl \rightarrow H_2CO_3 + 2NaCl$$

$$H_2CO_3 \rightleftharpoons CO_2\uparrow + H_2O$$

$$CO_2 + Ca(OH)_2 \rightarrow CaCO_3 + H_2O$$
$$\downarrow$$
$$\text{Turvação}$$

2. Ânion Sulfito $(SO_3)^{--}$

2.1. Colocar 1 mℓ de solução de Na_2SO_3 em um tubo de ensaio.
2.2. Adicionar 1 mℓ de solução de HCℓ. Agitar.
2.3. Aquecer brandamente, na chama do bico de Bunsen.
2.4. Colocar uma tira de papel de tornassol azul úmido na boca do tubo.

A mudança de cor do papel para vermelho, indica a formação de H_2SO_3 e indica também a presença do ânion sulfito.
Escrever a equação da reação ocorrida, dando o nome de cada substância.

_____
_____

2.5. Colocar 1 mℓ de solução de Na_2SO_3 em um tubo de ensaio.
2.6. Adicionar 1 mℓ de solução de $AgNO_3$. Agitar.

O aparecimento de um precipitado branco, indica a formação de Ag_2SO_3 (insolúvel), confirmando a presença do ânion sulfito.
Escrever a equação da reação, dando o nome de cada substância.

_____
_____

3. Ânion Brometo — $(Br)^-$

3.1. Colocar 1 mℓ de solução de KBr em um tubo de ensaio.
3.2. Adicionar 1 mℓ de solução de $AgNO_3$. Agitar.

O aparecimento de um precipitado amarelo, indica a formação de AgBr (insolúvel) e a presença do ânion brometo.
Escrever a equação da reação, dando o nome de cada substância.

_____
_____

4. Ânion Metassilicato — $(SiO_3)^{--}$

4.1. Colocar 1 mℓ de solução de Na_2SiO_3 em um tubo de ensaio.
4.2. Adicionar 1 mℓ de solução de $AgNO_3$. Agitar.

O aparecimento de um precipitado amarelo, indica a formação de Ag_2SiO_3 (insolúvel) e a presença do ânion metassilicato.
Escrever a equação da reação, dando o nome de cada substância.

_____

_____

4.3. Colocar 1 mℓ de solução de Na_2SiO_3 em um tubo de ensaio.
4.4. Adicionar 1 mℓ de solução de $BaCl_2$. Agitar.

O aparecimento de um precipitado branco, indica a formação de $BaSiO_3$ (insolúvel), confirmando a presença do ânion metassilicato.
Escrever a equação da reação, dando o nome de cada substância.

_____

_____

5. Ânion Cromato — $(CrO_4)^{--}$

5.1. Colocar 1 mℓ de solução de K_2CrO_4 em um tubo de ensaio.
5.2. Adicionar 1 mℓ de solução de $AgNO_3$. Agitar.

O aparecimento de um precipitado de cor ocre, indica a formação de Ag_2CrO_4 (insolúvel) e a presença do ânion cromato.
Escrever a equação da reação, dando o nome de cada substância.

_____

_____

6. Ânion Dicromato — $(Cr_2O_7)^{--}$

6.1. Colocar 1 mℓ de solução de $K_2Cr_2O_7$ em um tubo de ensaio.
6.2. Adicionar 1 mℓ de solução de $AgNO_3$. Agitar.

O aparecimento de um precipitado acastanhado, indica a formação de $Ag_2Cr_2O_7$ (insolúvel) e a presença do ânion dicromato.
Escrever a equação da reação, dando o nome de cada substância.

_____

_____

7. Ânion Permanganato — $(MnO_4)^{-}$

7.1. Colocar 1 mℓ de solução de $KMnO_4$ em um tubo de ensaio.
7.2. Adicionar 1 mℓ de solução de H_2SO_4.
7.3. Adicionar 1 mℓ de solução de H_2O_2. Agitar.

O descoramento da solução, indica a redução do $(MnO_4)^{-}$ à Mn^{++}, indicando a presença do ânion permanganato.

$$2\,KMnO_4 + 5\,H_2O_2 + 3\,H_2SO_4 \rightarrow K_2SO_4 + 2\,MnSO_4 + 8\,H_2O + 5\,O_2\uparrow$$

8. Ânion Fosfato — $(PO_4)^{---}$

8.1. Colocar 1 ml de solução de hidrogenofosfato de sódio em um tubo de ensaio.
8.2. Adicionar 1 mℓ de solução de $AgNO_3$. Agitar.

O aparecimento de um precipitado amarelo, indica a formação de Ag_3PO_4 (insolúvel) e a presença do ânion fosfato.

$Na_2HPO_4 + 3\ AgNO_3 \rightarrow Ag_3PO_4 + 2\ NaNO_3 + HNO_3$

8.3. Colocar 1 ml de solução de Na_2HPO_4 em um tubo de ensaio.
8.4. Adicionar 1 ml de solução de $FeCl_3$. Agitar.

O aparecimento de um precipitado branco amarelado, indica a formação de $FePO_4$ (insolúvel), confirmando a presença do ânion fosfato.

$Na_2HPO_4 + FeCl_3 \rightarrow FePO_4 + 2\ NaCl + HCl$

9. Ânion Nitrato – $(NO_3)^-$

9.1. Colocar 1 ml de solução de $NaNO_3$ em um tubo de ensaio.
9.2. Adicionar 1 ml de H_2SO_4 concentrado, deixando escorrer lentamente pelas paredes do tubo.
9.3. Segurando o tubo em posição inclinada, adicionar algumas gotas de solução aquosa de $FeSO_4$. Deixar repousar por alguns minutos.

Observar.

_____
_____
_____
_____
_____
_____

A formação de um anel marrom entre os dois líquidos indica a presença do ânion nitrato. Se o nitrato encontra-se em quantidade muito pequena, a zona pode ser colorida de rosa devido a formação de $Fe_2(SO_4)_3NO$.

$NaNO_3 + H_2SO_4 \rightarrow NaHSO_4 + HNO_3$

$6\ FeSO_4 + 2\ HNO_3 + 3\ H_2SO_4 \rightarrow 3\ Fe_2(SO_4)_3 + 2\ NO + 4H_2O$

$FeSO_4 + NO \rightarrow [Fe.NO]SO_4$ sulfato de ferro-nitrosilo
                         anel marrom

9.4. Colocar uma ponta de espátula de nitrato de sódio sólido em um tubo de ensaio.
9.5. Adicionar 1 ml de H_2SO_4 concentrado.
9.6. Aquecer brandamente na chama do bico de Bunsen.

A formação de vapores castanhos, indica a formação de NO_2 provenientes do nitrato.

$NaNO_3 + H_2SO_4 \rightarrow NaHSO_4 + HNO_3$
$4\ HNO_3 \rightleftharpoons NO_2\uparrow + O_2\uparrow + 2\ H_2O$

Observação: No item 9, a solução de $FeSO_4$ deve ser preparada recentemente. A solução de $FeSO_4$ pode ser substituída por uma solução de sal de Mohr.

V. QUESTIONÁRIO SOBRE A VERIFICAÇÃO EXPERIMENTAL

1. Reescrever as equações das reações que permitiram identificar os ânions, grifando a substância responsável por essa identificação.
2. Dar o nome dos compostos participantes das reações.
3. A que se deve a turvação da água de cal, na identificação do ânion carbonato?
4. Como se diferencia o ânion cromato do dicromato através da reação com nitrato de prata?

Anotações:

22

SEPARAÇÃO QUALITATIVA DOS CÁTIONS DO GRUPO DA PRATA:

Hg_2^{++}, Pb^{++}, Ag^+

EXPERIÊNCIA N.º 22

I. OBJETIVOS

Separar, qualitativamente os cátions do grupo da prata e identificá-los através de reagentes específicos.

II. INTRODUÇÃO TEÓRICA

Os íons de metais ou cátions mais comuns, dividem-se em grupos, em função de um reativo particular.

Os íons Hg_2^{++}, Pb^{++} e Ag^+ constituem o grupo da prata.

Nesta experiência temos uma solução contendo os três cátions e que é chamada de **solução problema.**

Para separar os três cátions, devemos especificar algumas reações particulares de cada cátion.

Os três cátions formam precipitados brancos com HCl diluído:

$$Ag^+ + Cl^- \rightarrow AgCl \quad \text{(precipitado branco)}$$
$$Hg_2^{++} + 2\,Cl^- \rightarrow Hg_2Cl_2 \quad \text{(precipitado branco)}$$
$$Pb^{++} + 2\,Cl^- \rightarrow PbCl_2 \quad \text{(precipitado branco)}$$

O $PbCl_2$ é solúvel em água quente.
O $AgCl$ é solúvel em NH_4OH:

$$AgCl + 2\,NH_4OH \rightarrow [Ag(NH_3)_2]Cl + 2\,H_2O$$
cloreto de
diamin-prata (solúvel)

Em presença de ácido nítrico, forma-se novamente o cloreto de prata:

$$[Ag(NH_3)_2]\,Cl + 2\,HNO_3 \rightarrow AgCl + 2\,NH_4NO_3$$

O Hg_2Cl_2 reage com NH_4OH formando um precipitado negro formado por um sal amino-mercúrio e mercúrio finamente dividido:

$$Hg_2Cl_2 + 2\,NH_4OH \rightarrow Hg(NH_2)Cl + Hg + NH_4Cl + 2\,H_2O$$

Os três cátions reagem com solução de cromato:

$$Pb^{++} + CrO_4^{--} \rightarrow PbCrO_4 \quad \text{(precipitado amarelo)}$$
$$2Ag^+ + CrO_4^{--} \rightarrow Ag_2CrO_4 \quad \text{(precipitado ocre)}$$
$$Hg_2^{++} + CrO_4^{--} \rightarrow Hg_2CrO_4 \quad \text{(precipitado pardo)}$$

III. MATERIAL E REAGENTES

Papel de filtro analítico
Bagueta de vidro
Tripé de ferro
Tela de amianto
Bico de Bunsen
Beckers de 100 mℓ
Funil analítico
Pisseta com água destilada
Solução à 10% de Pb(NO$_3$)$_2$ — nitrato de chumbo
Solução à 5% de nitrato mercuroso — Hg$_2$(NO$_3$)$_2$. 2 H$_2$O
Solução à 3% de nitrato de prata — AgNO$_3$
Solução à 5% de cromato de potássio — K$_2$CrO$_4$
Solução à 5% de HCl — ácido clorídrico
Solução à 5% de ácido nítrico — HNO$_3$
Solução 1:6 de hidróxido de amônio — NH$_4$OH

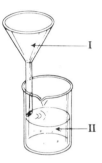

IV. PROCEDIMENTO EXPERIMENTAL

1. Pipetar 8 mℓ de cada solução contendo os cátions a serem analisados: Hg$_2$(NO$_3$)$_2$ Pb(NO$_3$)$_2$ e AgNO$_3$ e colocar num Becker de 100 mℓ (Solução Problema).
2. Adicionar HCℓ em excesso.
3. Filtrar:

Desprezar o filtrado (II)
O precipitado (I) pode conter Hg$_2$Cℓ_2, PbCℓ_2 e AgCℓ

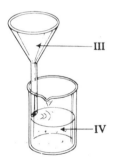

4. Remover o precipitado (I) para um Becker de 100 mℓ e adicionar 100 mℓ de água destilada.
5. Ferver e filtrar **à quente.**

O filtrado (IV) pode conter PbCℓ_2
O precipitado (III) pode conter Hg$_2$Cℓ_2 e AgCℓ

6. Adicionar solução de K$_2$CrO$_4$ ao filtrado (IV).

O aparecimento de um precipitado amarelo, indica a formação de PbCrO$_4$ e a presença de Pb^{++}.

7. Lavar o precipitado (III) sobre o filtro com bastante água quente para eliminar todo o chumbo que ainda possa haver. Desprezar as águas de lavagem.
8. Adicionar sobre o filtro, NH$_4$OH quente.

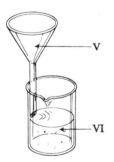

O filtrado (VI) pode conter [Ag(NH$_3$)$_2$] Cℓ
O precipitado (V) pode conter Hg + Hg(NH$_2$) Cℓ (precipitado negro)

Havendo um precipitado negro no papel de filtro, fica comprovada a presença de Hg$_2^{++}$.

9. Adicionar HNO$_3$ diluído ao filtrado. (VI), até que se forme um precipitado branco de AgCℓ.

Havendo a formação de um precipitado branco, fica comprovada a presença de Ag$^+$.

V. QUESTIONÁRIO SOBRE A VERIFICAÇÃO EXPERIMENTAL

1. Escrever todas as equações das reações ocorridas.
2. Por que se adiciona água quente ao precipitado contendo Hg$_2$Cℓ_2. PbCℓ_2 e AgCℓ?
3. Por que se adiciona hidróxido de amônio ao precipitado contendo Hg$_2$Cℓ_2 e AgCℓ?

23 HIDROGÊNIO E OXIGÊNIO

EXPERIÊNCIA N.º 23

I. OBJETIVOS

Produzir e verificar algumas propriedades do hidrogênio e do oxigênio.

II. INTRODUÇÃO TEÓRICA

1. *Hidrogênio*

O elemento hidrogênio ocorre na natureza em quantidades relativamente pequenas.
O hidrogênio é o elemento mais leve da natureza.

O gás hidrogênio (H_2) é um gás incolor, sem sabor e cheiro. É um gás combustível. A mistura de 1 volume de oxigênio com dois volumes de hidrogênio é chamada de **mistura detonante**.

O hidrogênio (H_2) é pouco solúvel em água. 100 volumes de água, à 0ºC, absorvem cerca de 2,5 volumes de H_2.

Os metais mais reativos que o hidrogênio, o deslocam dos ácidos, produzindo H_2.

2. *Oxigênio*

O oxigênio é o elemento que existe em maior quantidade na natureza.
Em condições ambientes, o oxigênio (O_2) é um gás incolor, sem sabor e inodoro. É um pouco mais pesado do que o ar.

O oxigênio (O_2) apresenta relativa solubilidade em água. 100 volumes de água, à 0ºC, dissolvem aproximadamente 5 volumes de O_2.
O ar contém, normalmente, 21% de O_2.

A reatividade do oxigênio é insignificante à temperatura ambiente, mas com o aquecimento, ela aumenta rapidamente.

No laboratório, o oxigênio é obtido pela decomposição de alguns óxidos (exemplo: HgO) ou sais oxigenados (exemplo: $KClO_3$), ao aquecê-los em presença de um catalisador (exemplo: MnO_2) para diminuir a velocidade da reação. A reação de decomposição do clorato de potássio pode ser representada por:

$$2 \, KClO_3 \xrightarrow[\Delta]{MnO_2} 2 \, KCl + 3 \, O_2 \uparrow$$

III. MATERIAL E REAGENTES

Tubos de ensaio
Estante para tubos de ensaio
Erlenmeyer de 250 ml
Becker de 1000 mℓ ou cuba de vidro
Bico de Bunsen
Suporte universal com garra
Tubo de ensaio com um leve orifício no fundo
Rolha de borracha
Vareta de vidro

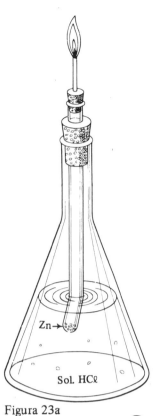

Figura 23a

Furador de rolhas
Mangueira de látex
Fósforos ou pedaços pequenos de madeira
Solução de ácido clorídrico 1:1 — HCl
Zinco granulado: Zn
Clorato de potássio — $KClO_3$ (sólido)
Dióxido de manganês — MnO_2 (sólido)
Pinça metálica

IV. PROCEDIMENTO EXPERIMENTAL

1. *Hidrogênio*

1.1. Em um Erlenmeyer de 250 ml colocar aproximadamente 50 ml de HCl 1 : 1.
1.2. Colocar em um tubo de ensaio com um leve orifício no fundo, 4-6 grânulos de zinco.
1.3. Montar a aparelhagem conforme a Figura 23a.
1.4. Acender **com cuidado**, uma chama na ponta do tubo de escape. Observar.

___

2. *Oxigênio*

2.1. Montar a aparelhagem de acordo com a Figura 23b.

Figura 23b

Observação: O tubo de ensaio onde é recolhido o O_2, pode ser substituído por um Erlenmeyer ou outro recipiente.

2.2. Colocar 1,2 g de $KClO_3$ e 0,6 g de MnO_2 (proporção 2:1) no tubo maior e misturá-los com cuidado.

O tubo deve estar seco.

2.3. Adaptar ao tubo uma rolha atravessada por um tubo de escape.
2.4. Inverter rapidamente, um Erlenmeyer completamente cheio de água, tapado por pequeno pedaço de papel (para evitar a entrada de bolhas de ar) num Becker

Evite o refluxo de água

de 1000 mℓ ou numa cuba de vidro, contendo aproximadamente 3/4 da sua capacidade com água.

2.5. Conectar o tubo de desprendimento ao Becker ou a cuba.

2.6. Aquecer a mistura de $KCℓO_3$ e MnO_2 diretamente com uma chama fraca do bico de Bunsen.

2.7. Terminado o desprendimento de oxigênio (formação de bolhas), desconectar o tubo de desprendimento do tubo de ensaio, afim de evitar o refluxo de água para o tubo quente com a mistura.

2.8. Arrolhar o Erlenmeyer, mantendo sua boca dentro do Becker com água e retirá-lo.

2.9. Segurar um fósforo ou pequeno pedaço de madeira em brasa, com uma pinça metálica e introduzir por várias vezes no Erlenmeyer, com oxigênio. Observar.

V. QUESTIONÁRIO SOBRE A VERIFICAÇÃO EXPERIMENTAL

1. Escrever a reação ocorrida entre o zinco metálico e o ácido clorídrico.
2. O H_2 só pode ser obtido na reação entre o zinco e $HCℓ$? Justifique a resposta.
3. Qual o nome da mistura entre duas partes de hidrogênio e uma parte de oxigênio?
4. O hidrogênio é um combustível ou um comburente?
5. Cite duas aplicações do hidrogênio.
6. Qual é a função do MnO_2 no processo de obtenção do O_2?
7. Por que se desconecta o tubo de desprendimento do tubo de ensaio contendo a mistura, antes de apagar o bico de Bunsen?
8. Qual a razão do oxigênio poder ser recolhido no Erlenmeyer com a boca para cima?
9. Quantos moles de O_2 se formam na combustão completa de 1,2 g de $KCℓO_3$ nas condições normais de pressão e temperatura?
10. O oxigênio é um combustível ou um comburente? Justifique.
11. Cite 3 aplicações do oxigênio.
12. Completar as seguintes reações:

$H_2 + O_2 \xrightarrow{\Delta}$

$Fe + H_2SO_4 \rightarrow$

$C + O_2 \xrightarrow{\Delta}$

$HgO \xrightarrow{\Delta}$

Anotações:

24 ANIDRIDO SULFUROSO (SO$_2$) – PREPARAÇÃO E PROPRIEDADES

EXPERIÊNCIA N? 24

I. OBJETIVOS

Obter em laboratório, o anidrido sulfuroso. Testar algumas propriedades desse gás.

II. INTRODUÇÃO TEÓRICA

Cuidado: o SO$_2$ é tóxico

O SO$_2$ pode ser obtido através da combustão do enxofre ao ar. Pode ser obtido, também, em grandes quantidades nos processos de oxidação de sulfetos metálicos.

Em laboratório, o SO$_2$ pode ser obtido através da reação do H$_2$SO$_4$ concentrado e bissulfito de sódio:

$$2\,NaHSO_3 + H_2SO_4 \rightarrow Na_2SO_4 + 2\,SO_2\uparrow + 2\,H_2O$$

O SO$_2$ é um gás tóxico, incolor, possuindo odor característico de enxofre em combustão.

O SO$_2$ é duas vezes mais pesado do que o ar. Não pode ser recolhido, com bom rendimento, sobre a água, porque é facilmente solúvel.

As soluções aquosas de SO$_2$ apresentam reação ácida por apresentar o H$_2$SO$_3$ em equilíbrio com SO$_2$ e H$_2$O.

$$SO_2 + H_2O \rightleftharpoons H_2SO_3$$

Quimicamente, o SO$_2$ pode atuar como oxidante ou redutor, sendo que suas propriedades redutoras são as mais importantes, particularmente as que se apresentam em soluções aquosas.

O SO$_2$ e H$_2$SO$_3$ são usados em branqueamentos. As moléculas destes compostos podem combinar-se com alguns compostos orgânicos, por exemplo, com as moléculas das substâncias corantes, formando produtos incolores.

III. MATERIAL E REAGENTES

Balão de destilação
Funil de decantação
Beckers de 250 e 500 mℓ
Vareta de vidro
Tubo de látex
Bico de Bunsen
Tela de amianto
Suporte universal com garras e argolas
Balança
Tubos de ensaio
Estante para tubos de ensaio
Papel de tornassol azul
Papel indicador universal

Bissulfito de sódio sólido – (NaHSO$_3$)
Ácido sulfúrico concentrado – (H$_2$SO$_4$)

Soluções:

Hidróxido de sódio – (NaOH) 0,1 N
Dicromato de potássio (K$_2$Cr$_2$O$_7$) 0,1 N
Ácido sulfúrico (H$_2$SO$_4$) 0,1 N
Solução de iodo (I$_2$)

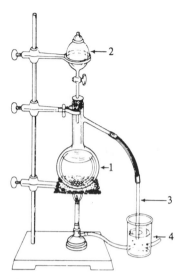

Figura 24a

IV. PROCEDIMENTO EXPERIMENTAL

1. Pesar 6,5 g de NaHSO$_3$ e transferir para o balão (1).
2. Adicionar ao balão (1), 120 mℓ de água destilada.
3. Colocar aproximadamente 150 mℓ de H$_2$SO$_4$ no funil de decantação (2).

Evitar o contato do H$_2$SO$_4$ com a pele e os olhos

4. Gotejar, lentamente, o ácido sulfúrico sobre o bissulfito de sódio, controlando a vazão da torneira do funil de decantação.
5. Após a adição de todo ácido, fechar a torneira do funil de decantação.
6. Aquecer, brandamente, o balão (1) até que não haja mais desprendimento de gás. Figura 24a.
7. Recolher o gás no Becker (4) que contém água destilada.
8. Retirar o Becker, antes de terminar o aquecimento.
9. Reservar a solução para testes posteriores.
10. Terminada a experiência, colocar o tubo (3), que desprende gás num Becker contendo solução de NaOH.

Verificação das propriedades do SO$_2$

11. Colocar aproximadamente 4 mℓ da solução do Becker (4) em um tubo de ensaio.
12. Mergulhar nessa solução, um papel de tornassol azul. Observar.

Mudança de cor: De: _____ .   Para: _____

13. Nessa mesma solução, mergulhar um papel indicador universal e medir o pH.

pH = _____

14. Colocar 1 mℓ de solução de K$_2$Cr$_2$O$_7$ 1N em um tubo de ensaio.
15. Adicionar 3-5 gotas de solução de H$_2$SO$_4$ 0,1 N.
16. Colocar nesse tubo de ensaio, 3 ml da solução do Becker (4).

Observar: _____
_____
_____
_____

17. Colocar 3 mℓ da solução do Becker (4) em um tubo de ensaio.
18. Adicionar, gota a gota, solução de iodo.

Observar: _____
_____
_____
_____

Reação: H$_2$SO$_3$ + I$_2$ + H$_2$O $\rightleftharpoons$ 2 HI + H$_2$SO$_4$

V. QUESTIONÁRIO SOBRE A VERIFICAÇÃO EXPERIMENTAL

1. Reescrever as equações ocorridas, dando o nome de cada substância.
2. Por que se coloca o tubo que desprende gás num Becker contendo NaOH? Escrever a equação da reação ocorrida.
3. Por que no item 8, deve-se retirar o Becker antes de terminar o aquecimento?
4. Por que ocorre uma variação de cor quando se coloca solução de $K_2Cr_2O_7$ em meio ácido, na solução de H_2SO_3?
5. Como pode ser diferenciado o íon sulfito $(SO_3)^{--}$ do íon sulfato $(SO_4)^{--}$?
6. Pesquisar três aplicações do SO_2.
7. Balancear a seguinte reação pelo método de óxido-redução:

$$K_2Cr_2O_7 + H_2SO_4 + H_2SO_3 \rightarrow K_2SO_4 + Cr_2(SO_4)_3 + H_2O$$

Observação: A produção de SO_2 deve ser feita de preferência no interior de uma capela.

Anotações:

25 ÁCIDO SULFÚRICO. PROPRIEDADES

EXPERIÊNCIA Nº 25

I. OBJETIVOS

Observar, experimentalmente, algumas propriedades do ácido sulfúrico.

II. INTRODUÇÃO TEÓRICA

O ácido sulfúrico puro é um líquido oleoso, cuja densidade é 1,84 g/cm³. Quando em solução, entra em ebulição a 340ºC, juntamente com 2% de água (mistura azeotrópica).

O ácido sulfúrico é o mais importante ácido, por ser barato, estável e, também, pelo fato de apresentar as seguintes propriedades:

ácido forte   agente oxidante
ácido fixo   agente desidratante

O método mais importante de obtenção industrial é o MÉTODO DE CONTATO, e consiste de quatro fases:

1. *Obtenção do* SO_2

$$S + O_2 \rightarrow SO_2\uparrow \text{ ou}$$

$$4\,FeS_2 + 11\,O_2 \rightarrow 2\,Fe_2O_3 + 8\,SO_2\uparrow$$
pirita

2. *Purificação do* SO_2

Consiste na eliminação de poeiras, lavagem com água e secagem com ácido sulfúrico.

O objetivo desta lavagem é evitar o envenenamento do catalisador.

3. *Oxidação Catalítica do* SO_2 *à* SO_3

$$2\,SO_2 + O_2 \xrightarrow[\Delta]{\text{cat.}} 2\,SO_3\uparrow$$

O catalisador pode ser: Pt, Fe_2O_3 ou V_2O_5

4. *Recolhimento do* SO_3 *em* H_2SO_4 *concentrado*

Este processo resulta no ácido sulfúrico fumegante (**oleum**), o qual contém ácido pirossulfúrico, ácido sulfúrico e SO_3 em equilíbrio.

$$SO_3^- + H_2SO_4 \rightleftharpoons H_2S_2O_7$$

Em seguida, o ácido sulfúrico fumegante é tratado com água, resultando, apenas, ácido sulfúrico.

$$H_2S_2O_7 + H_2O \rightarrow 2\,H_2SO_4$$

III. MATERIAL E REAGENTES

Tubos de ensaio
Estante para tubos de ensaio
Becker
Pipeta graduada com pêra.
Papel de tornassol azul
Papel indicador universal
Ácido sulfúrico concentrado
Pedaços de madeira
Pedaços de papel
Açúcar
Zinco metálico concentrado
Solução de cloreto de bário à 5% ($BaCl_2$)
Cobre em aparas
Carbonato de cálcio em pó ($CaCO_3$)

IV. PROCEDIMENTO EXPERIMENTAL

1. *Cuidados*

1.1. Evitar o contato com a pele e olhos porque o ácido sulfúrico é corrosivo. Se isto ocorrer, lave o local atingido, imediatamente com *bastante água*.
1.2. Ao vertê-lo de um recipiente para outro, tomar bastante cuidado.
1.3. A dissolução do H_2SO_4 em água é fortemente exotérmica. Nunca colocar água em H_2SO_4, pois poderá haver explosão. Adicionar sempre o ácido sobre a água, deixando escorrer vagarosamente o ácido sobre a água, agitando a mistura com um bastão de vidro.

2. *Agente desidratante*

2.1. Colocar em três tubos de ensaio, 3-5 ml de ácido sulfúrico, concentrado.
2.2. Adicionar ao primeiro tubo, pedaços de papel.
2.3. Adicionar ao segundo tubo, pedaços de madeira.
2.4. Adicionar ao terceiro tubo, uma pequena porção de açúcar.
2.5. Deixar em repouso por alguns minutos. Observar.

Tabela 25a

TUBO	OBSERVAÇÃO
1	
2	
3	

3. *Agente oxidante*

3.1. Colocar em um tubo de ensaio, 3 ml de H_2SO_4 concentrado.
3.2. Adicionar algumas aparas de cobre.
3.3. Deixar em repouso por alguns minutos.

Observar: _____

3.4. Aquecer o tubo cuidadosamente.

Observar: _____

_____

4. *Ácido forte e fixo*

Não colocar água em H_2SO_4
Perigo de explosão

4.1. Dissolver cuidadosamente, 3 ml de ácido sulfúrico concentrado em 30-40 ml de água destilada num Becker de 200 ml.
4.2. Mergulhar nessa solução, um papel de tornassol azul. Observar a mudança de cor:
De: _____ Para: _____
4.3. Nessa mesma solução, mergulhar um papel indicador universal. Medir o pH.

pH = _____

4.4. Colocar 5 ml da solução preparada no item 4.1. em três tubos de ensaio.
4.5. Adicionar ao primeiro tubo, pedaços de zinco.
4.6. Adicionar ao segundo tubo, gotas de solução de $BaCl_2$.
4.7. Em seguida adicione ao primeiro e ao segundo tubo, 3 ml de HCl concentrado.
4.8. Adicionar ao terceiro tubo, uma ponta de espátula de carbonato de cálcio em pó.

Tabela 25b

TUBO	OBSERVAÇÃO
1	
	Com HCl
2	
	Com HCl
3	

V. QUESTIONÁRIO SOBRE A VERIFICAÇÃO EXPERIMENTAL

1. Escrever as reações ocorridas no processo de obtenção do H_2SO_4, pelo método de contato.
2. O que é uma mistura azeotrópica?
3. Escrever todas as equações das reações ocorridas nas verificações experimentais das propriedades do ácido sulfúrico.
4. Pesquisar cinco aplicações do H_2SO_4.
5. Por que o H_2SO_4 em contato com a pele produz queimaduras?

Anotações:

_____
_____
_____
_____
_____

CONDUTIVIDADE ELÉTRICA DAS SOLUÇÕES

EXPERIÊNCIA Nº 26

I. OBJETIVOS

Verificar que os sais, ácidos, bases e os óxidos metálicos, quando em solução aquosa, conduzem a corrente elétrica.

II. INTRODUÇÃO TEÓRICA

Eletrólitos são substâncias que num meio de elevada constante dielétrica, tais como a água, o álcool, dissociam-se em íons (cátions) e (ânions) que se movem na solução, simultaneamente e em direções opostas, estabelecendo a corrente elétrica.

O íon positivo (cátion) é atraído pelo pólo negativo (catodo) e o íon negativo (ânion) é atraído pelo pólo positivo (anodo).

A dissociação iônica pode ser total (eletrólitos fortes) como acontece na maioria dos sais, alguns ácidos e algumas bases, ou parcial (eletrólitos fracos), como ocorre com a maioria dos ácidos e bases.

Os eletrólitos no estado fundido conduzem a corrente elétrica.

Nesta experiência, poderemos fazer comparações na condutividade elétrica dos diferentes eletrólitos, verificar que a condutividade elétrica está relacionada com a mobilidade dos íons na solução, verificar que a concentração iônica está diretamente relacionada com a carga que atravessa a solução, verificar que quando se mistura uma substância iônica com uma substância molecular, há uma interação entre as substâncias, modificando a estrutura das mesmas e poderemos verificar ainda, o efeito da natureza do solvente do soluto e da concentração deste último sobre a condutividade do meio.

Vários tipos de montagens podem ser feitas para estudar, experimentalmente, a condutividade elétrica das soluções. As Figuras 26a e 26b mostram duas sugestões para a montagem desses aparelhos, sendo que a montagem da Figura 26a é mais fácil de fazer e mais viável economicamente. Esta montagem é feita com dois fios elétricos, um soquete, uma lâmpada, um plug e um tubo de plástico.

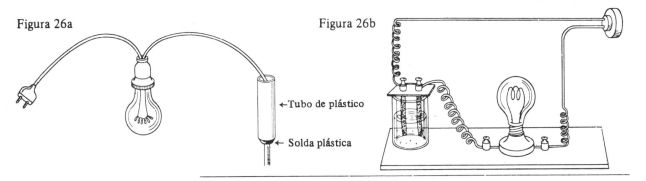

Figura 26a

Figura 26b
← Tubo de plástico
← Solda plástica

III. MATERIAL E REAGENTES

Tubo plástico – Fio elétrico
Lâmpada – Soquete – Plug
Suporte universal com garra
Cadinho de porcelana
Triângulo de porcelana

Tripé de ferro
Tubos de ensaio
Estante para tubos de ensaio
Bico de Bunsen
Álcool etílico – C_2H_5OH

Benzeno — C_6H_6
Sacarose — $C_{12}H_{22}O_{11}$
Ácido Acético glacial — CH_3COOH
Cloreto de cálcio — $CaCl_2$
Solução de ácido clorídrico 4 N — HCl
Pisseta com água destilada

IV. PROCEDIMENTO EXPERIMENTAL

1. Colocar as substâncias nos tubos de ensaio de acordo com a Tabela 26a.
2. Verificar suas condutividades, empregando o aparelho de condutividade elétrica de acordo com a Figura 26c.

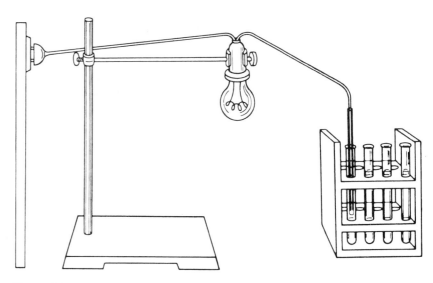

Figura 26c

Tabela 26a

TUBO	SUBSTÂNCIA	OBSERVAÇÃO	CONCLUSÃO
1	2 ml água destilada		
2	2 ml de álcool		
3	2 ml de benzeno		
4	1 pitada de sacarose		
5	2 ml de ácido acético		
6	1 pitada de cloreto de cálcio		
7	2 ml de solução de HCl 4N		

3. Adicionar 3 mℓ de água destilada nos tubos 2 à 7.
4. Agitar e observar.
5. Testar suas condutividades.
6. Refazer o quadro anterior com novas observações.

Tabela 26b

TUBO	SUBSTÂNCIA	OBSERVAÇÃO	CONCLUSÃO
2			
3			
4			
5			
6			
7			

7. Adicionar 2 mℓ de álcool em cada tubo da experiência anterior.
8. Agitar e observar.
9. Testar as suas condutividades.
10. Refazer o quadro anterior com novas observações.

Tabela 26c

TUBO	SUBSTÂNCIA	OBSERVAÇÃO	CONCLUSÃO
1			
3			
4			
5			
6			
7			

11. Colocar aproximadamente 1 g de cloreto de cálcio num cadinho de porcelana.
12. Colocar o cadinho sobre um triângulo de porcelana e aquecer até a fusão.
13. Imediatamente, testar a condutividade com o aparelho de condutividade.
Figura 26d. Colocar primeiro os elétrodos e depois ligar no interruptor.

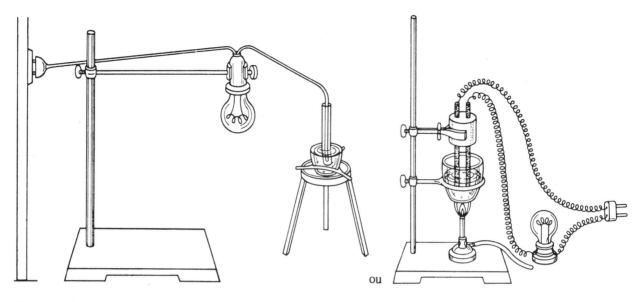

Figura 26d

V. QUESTIONÁRIO SOBRE A VERIFICAÇÃO EXPERIMENTAL

1. A água destilada conduz corrente elétrica?
2. O $CaCl_2$ puro, conduz corrente elétrica?
3. A solução de $CaCl_2$ conduz corrente elétrica? Justifique as duas questões (2 e 3).
4. O álcool conduz corrente elétrica?
5. O álcool com solução de $CaCl_2$ conduz corrente elétrica? Justifique as questões 4 e 5.
6. A concentração das soluções influi na intensidade luminosa da lâmpada?
7. Colocar em ordem crescente de potência dissipada (luminosidade recebida), as substâncias testadas. Justificar as respostas.

Anotações:

27 DETERMINAÇÃO DA MASSA MOLECULAR DO DIÓXIDO DE CARBONO

EXPERIÊNCIA N? 27

I. OBJETIVOS

Apresentar um método de obtenção de um gás (CO_2) em laboratório.
Determinar a massa molecular desse gás.

II. INTRODUÇÃO TEÓRICA

A massa molecular é um número que indica quantas vezes a molécula de uma dada substância é mais pesada que 1/12 da massa do isótopo do carbono (^{12}C).

A quantidade de uma substância, expressa em gramas, numericamente igual a sua massa molecular denomina-se molécula-grama ou mol.

Uma molécula-grama de qualquer substância em estado gasoso, ou de vapor ocupa em condições normais de pressão e temperatura, um volume igual à 22,4 litros.

Para reduzir o volume do gás às condições normais, utiliza-se a equação de estado dos gases.

$$V_0 = \frac{V.P.T_0}{P_0.T}$$

Nos cálculos, a passagem da escala Celsius (°C) à escala absoluta (K) se realiza segundo a fórmula

T = t + 273
t = temperatura (°C)
T = temperatura absoluta (K)

A relação da equação de estado dos gases permanece $\frac{V_0.P_0}{T_0}$ constante para a molécula-grama de qualquer gás. Este valor constante denomina-se constante universal dos gases e se designa R. Seu valor numérico e dimensões dependem do sistema de unidades escolhido para o cálculo.

$$R = 0,082 \frac{atm.litro}{mol.K} \qquad R = 62,3 \frac{mmHg.litro}{mol.K}$$

Em todos os cálculos, o valor e a dimensão da constante R devem concordar com as dimensões adotadas no cálculo dado para a pressão e o volume.

A constante R pode ser expressa matematicamente da seguinte forma

$$R = \frac{V_0.P_0}{T_0}$$

Substituindo este quociente pela constante dos gases na equação de estado temos

P.V = R.T   (Equação de Clapeyron)

Tomando-se n moles de uma substância, a equação de Clapeyron adquire o seguinte aspecto:

P.V. = n.R.T.

O número de moles (n) do gás é igual a relação da massa do gás (m), em gramas, e a molécula-grama(M) do gás.

$n = \dfrac{m}{M}$

Substituindo-se o valor de n na equação de Clapeyron, esta pode assumir o seguinte aspecto

$P.V. = \dfrac{m.R.T}{M}$ onde $M = \dfrac{m.R.T}{P.V}$

A última fórmula permite determinar a massa molecular se conhecermos a massa(m) de um certo volume (V) de um gás como sua pressão (P) e temperatura (T).

Para os cálculos da massa molecular do CO_2 necessitaremos ainda da massa molecular média do ar. Sabendo-se que a massa molecular do hidrogênio é 2,016 e que o ar é 14,38 vezes mais pesado que o hidrogênio, sua massa molecular média é 28,98.

Na determinação experimental da massa molecular de um gás, é necessário eliminar-se as impurezas tais como HCl gasoso, vapor de água etc. Essas impurezas gasosas são eliminadas fazendo-se passar o gás através de algumas substâncias que reagem quimicamente com a impureza e não reajam com o gás.

III. MATERIAL E REAGENTES

Aparelho de Kipp
Frascos lavadores ou garrafas de boca larga
Erlenmeyer de 250 ml ou balão de fundo chato de 250 ml
Proveta de 250 ml
Pinça metálica
Balança analítica
Varetas de vidro para conexões
Mangueira de látex
Rolha de borracha
Solução de ácido clorídrico 1:1 – HCl
Ácido sulfúrico concentrado – H_2SO_4
Pedaços de mármore – $CaCO_3$
Solução de bicarbonato de sódio – $NaHCO_3$

IV. PROCEDIMENTO EXPERIMENTAL

1. Montar a aparelhagem conforme a Figura 27a.

Figura 27a

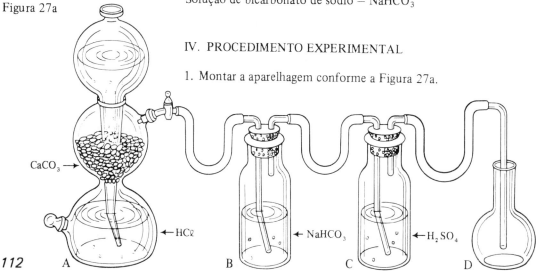

É interessante adaptar na parte superior do Kipp, um tubo de segurança contendo um pouco de água destilada.

2. Pesar o Erlenmeyer ou o balão com rolha de borracha, colocada até uma profundidade em que se ajuste perfeitamente ao Erlenmeyer ou balão e marcá-la (este Erlenmeyer ou balão deve ter sido seco e resfriado num dessecador).

P_1 = _____ g

3. Tirar a rolha do Erlenmeyer ou do balão e colocar o tubo de vidro que vem do frasco C dentro do Erlenmeyer ou balão.
4. Abrir parcialmente a torneira do Kipp para passar uma corrente de CO_2 pelo Erlenmeyer ou balão, durante 10 minutos.
5. Fechar o Erlenmeyer ou balão com a rolha de borracha e pesá-lo novamente. É importante que a rolha seja recolocada até a marca.

P_2 = _____ g

6. Adaptar novamente o Erlenmeyer ou balão e passar CO_2 durante 4 minutos. Tornar a pesá-lo.
Caso as massas estejam constantes ou não difiram em mais de 0,01 g, pode-se considerar encerrada a introdução de CO_2 no recipiente. Em caso contrário, repetir a operação até obter peso constante.
7. Determinar o volume do Erlenmeyer ou balão, enchendo-o com água e colocando a rolha até a marca. Retirar a rolha e medir o volume de água, utilizando uma proveta.

V = _____ mℓ = _____ ℓ

8. Anotar a pressão e temperatura na qual a experiência foi realizada.

P = _____ mm Hg   t = _____ °C

T = _____ + 273 = _____ K

V. CÁLCULOS

M_{ar} = 28,9   R = 62,3 $\frac{mm\,Hg \cdot \ell}{mol \cdot K}$

1. $P_1 = m_{ar} + m_{erl.} + m_{rolha}$ = _____ g

2. $m_{erl.} + m_{rolha} = P_1 - m_{ar}$

Cálculo da massa de ar

3. $P.V. = \dfrac{m_{ar}}{M_{ar}} \cdot R.T.$

4. $m_{ar} = \dfrac{P.V.\,M_{ar}}{R.T.}$ = _____ = _____ g

Substituir o valor achado no item 2

5. $P_2 = m_{erl.} + m_{rolha} + m_{CO_2}$ = _____ g

6. $m_{CO_2} = P_2 - (m_{erl.} + m_{rolha})$
               valor encontrado no item 2, depois de
               substituída a massa de ar.

7. $M_{CO_2} = \dfrac{m_{CO_2}}{P.V.} \cdot R.T.$ = _____

M_{CO_2} = _____

VI. QUESTIONÁRIO SOBRE A VERIFICAÇÃO EXPERIMENTAL

1. Escrever a equação da reação ocorrida no Kipp.
2. Escrever as equações das reações ocorridas nos frascos B e C.
3. Comparar a massa molecular do CO_2 encontrada experimentalmente com a massa molecular real e calcular o erro do processo (%).
4. Por que a rolha deve ser marcada no início do processo?
5. Cite duas aplicações do dióxido de carbono.

Anotações:

EXPERIÊNCIA N.º 28

I. OBJETIVOS

Estudar, experimentalmente, a variação da velocidade de uma reação em função da variação da concentração de um dos reagentes.

II. INTRODUÇÃO TEÓRICA

Dada uma reação química genérica:

A + B → C + D

podemos determinar a velocidade média da reação em função da quantidade de cada um dos reagentes que foi consumida ou da quantidade de cada um dos produtos formados num certo intervalo de tempo.

Velocidade de reação só pode ser determinada experimentalmente

Supondo-se que num intervalo de tempo (Δt) segundos, são consumidos (Δt) moles do reagente A, a velocidade média dessa reação será dada pela expressão:

$$V_m = \frac{\Delta n}{\Delta t} \text{ moles de A/ segundo}$$

Vários fatores podem influenciar a velocidade de uma reação tais como: concentrações dos reagentes, temperatura, ação de catalisadores etc.

Para estudar a velocidade de uma reação, é necessário determinar a rapidez com que se forma um dos produtos ou a rapidez com que se consome um dos reagentes.

Nesta experiência, estudaremos o efeito da concentração de um dos reagentes na reação entre uma solução A, contendo íons iodato $(IO_3)^-$ e uma solução B, contendo íons bissulfito $(HSO_3)^-$ e amido como indicador.

O início da reação pode ser representado da seguinte forma:

$IO_3^- + 3HSO_3^- \rightarrow I^- + 6SO_4^{--} + 3H^+$

Esta é uma etapa lenta.
Quando os íons HSO_3^- tiverem sido consumidos, os íons I^-, reagirão com os restantes íons IO_3^- para produzir I_2.

$5 I^- + 6H^+ + IO_3^- \rightarrow 3I_2 + 3H_2O$

Reação rápida.
O iodo molecular (I_2) forma com o amido presente na solução, uma substância azul que indica que a reação se processou até este ponto.

Para estudar o efeito da variação da concentração de um dos reagentes sobre o tempo da reação, devemos fazer diluições da solução A para variar a concentração do íon iodato. Em cada caso, a concentração do íon bissulfito é mantida constante, assim como a temperatura.

III. MATERIAL E REAGENTES

Tubos de ensaio
Estante para tubos de ensaio
Beckers de 50 ou 100 ml
Bastão de vidro
Cronômetro ou relógio com ponteiro de segundos
Solução A (4 g/l de KIO_3)
Solução B (0,85 g/l de $NaHSO_3$ e aproximadamente 2 g de amido)

IV. PROCEDIMENTO EXPERIMENTAL

1. Colocar num tubo de ensaio, 1 ml de solução A.
2. Adicionar 9 ml de água destilada.
3. Determinar a concentração (g/l) da solução do tubo.

C = _____ _ g/l

Observação: 1 ml da solução A contém $4 \cdot 10^{-3}$ g de KIO_3.

4. Em outro tubo de ensaio, colocar 10 ml da solução B.
5. Verter o conteúdo dos dois tubos em um Becker e rapidamente, disparar o cronômetro.
6. Agitar constantemente o sistema até que haja o primeiro sinal de alteração de cor. Anotar o tempo.

Tempo gasto: _____ seg.

7. Proceder analogamente com oito tubos de ensaio, aumentando a quantidade de solução A e diminuindo a quantidade de água destilada. Seguir a Tabela 28a.

Tabela 28a

Solução A ml	H_2O dest. ml	C (g/l)	Solução B ml	Tempo (segundos)
1	9		10	
2	8		10	
3	7		10	
4	6		10	
5	5		10	
6	4		10	
7	3		10	
8	2		10	
9	1		10	

Tempo (seg.) ↑

C (g/l) →

V. QUESTIONÁRIO SOBRE A VERIFICAÇÃO EXPERIMENTAL

1. Calcular o número de moles de KIO_3 em cada tubo de ensaio contendo a solução A.
2. Calcular a velocidade da reação, em função da solução A, verificada em cada reação com concentrações diferentes.
3. Construir um gráfico de velocidade, em papel milimetrado.

DECOMPOSIÇÃO CATALÍTICA DO PERÓXIDO DE HIDROGÊNIO

EXPERIÊNCIA N.º 29

I. OBJETIVOS

Estudar a variação da velocidade de decomposição do peróxido de hidrogênio através da ação de um catalisador.

II. INTRODUÇÃO TEÓRICA

1. O peróxido de hidrogênio é uma substância de relativa instabilidade e, se decompõe conforme a reação:

$$2\ H_2O_2 \rightarrow 2\ H_2O + O_2\uparrow$$

Sua decomposição pode ocorrer por influência da temperatura, do pH, de raios luminosos ou ainda pela presença de catalisadores.

Vários fatores, portanto, podem alterar a velocidade de uma reação química, e dentre eles, um dos mais importantes, tanto em escala de laboratório como em escala industrial, é o catalisador.

Catalisador é uma substância que adicionada a uma reação química em quantidade mínima, faz variar a velocidade da reação, mantendo ao final da mesma, sua natureza química e quantidade.

III. MATERIAL E REAGENTES

2 suportes universais com garras
1 cuba de vidro
Erlenmeyer de 250 mℓ
Proveta de 50 mℓ
Varetas de vidro para conexões
Rolha de borracha
Cronômetro ou relógio com ponteiro de segundos
Dióxido de manganês – MnO_2
Óxido férrico – Fe_2O_3
Solução de peróxido de hidrogênio à 10% – H_2O_2
Bureta de 50 mℓ

IV. PROCEDIMENTO EXPERIMENTAL

1. Montar a aparelhagem segundo a Figura 29a, na página seguinte.
2. Encher a cuba e a bureta com água (usando sucção bucal). **Succionar a bureta com a boca**
3. Colocar a bureta na saída do tubo de vidro e ajustar o seu nível para 50 mℓ.
4. Colocar 40 mℓ de solução de peróxido de hidrogênio no Erlenmeyer.
5. Pesar em uma tira de papel 0,10 à 0,12 g de uma mistura de Fe_2O_3 e MnO_2 (catalisador, cuja proporção é de 9:1).
6. Colocar no gargalo do Erlenmeyer na posição horizontal e tampar.

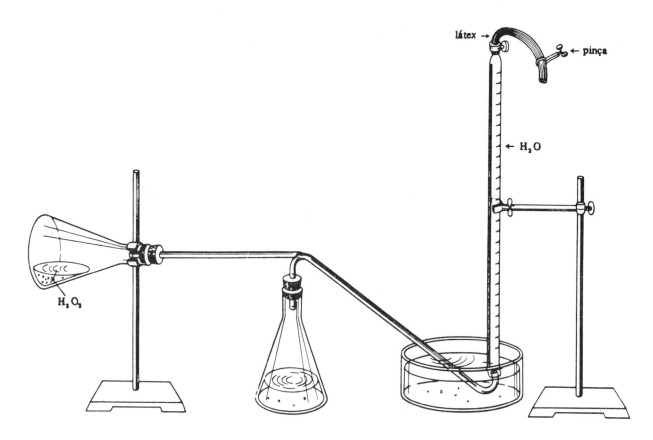

Figura 29 a

As partes em cor, indicam a posição inicial do aparelho

7. Soltar a garra que prende o Erlenmeyer e colocá-lo na posição vertical, para que o catalisador entre em contato com a solução.
8. Quando subir a primeira bolha de oxigênio pela bureta, disparar o cronômetro.
9. Anotar a cada 30 segundo o volume de O_2 desprendido.
10. Tabelar os resultados obtidos.
11. Fazer pelo menos vinte leituras.

Observação: O volume de O_2 desprendido é determinado, fazendo-se a diferença com a leitura anterior.

Exemplo: Leitura = 48 mℓ   Leitura anterior = 49 mℓ

$V_{O_2} = 49 - 48 = 1$ mℓ

(Vide Tabela 29a na página seguinte.)

V. QUESTIONÁRIO SOBRE A VERIFICAÇÃO EXPERIMENTAL

1. Com os dados obtidos experimentalmente, fazer um gráfico em papel milimetrado do volume de O_2 desprendido em função do tempo.
2. Cite um emprego industrial dos catalisadores.
3. Escrever a fórmula estrutural plana do peróxido de hidrogênio.
4. Cite três aplicações do peróxido de hidrogênio.

Tabela 29a

Determinação	Tempo (seg)	Leitura na bureta (mℓ)	Volume de O_2 (mℓ)
00	00	50	00
01			
02			
03			
04			
05			
06			
07			
08			
09			
10			
11			
12			
13			
14			
15			
16			
17			
18			
19			
20			

Anotações:

EQUILÍBRIO QUÍMICO
PRINCÍPIO DE LE CHATELIER

EXPERIÊNCIA Nº 30

I. OBJETIVOS

Verificar, experimentalmente, o deslocamento de equilíbrios químicos *(Princípio de Le Chatelier)*.

II. INTRODUÇÃO TEÓRICA

Numa reação reversível, o aumento da concentração de uma substância, desloca o equilíbrio para o lado oposto dessa substância.

A diminuição da concentração de uma substância desloca o equilíbrio para o mesmo lado dessa substância.

Com base em dados experimentais, Henry Louis Le Chatelier formulou o *Princípio de Le Chatelier*.

"Quando um sistema em equilíbrio é submetido a uma ação, o sistema se desloca na direção que permita anular ou contrabalancear essa ação."

Outros fatores que alteram o equilíbrio de uma reação reversível são pressão e temperatura.

Uma reação reversível bastante tradicional é a reação entre cloreto férrico e tiocianato de amônio que pode ser representada pela equação:

$$FeCl_3 + 3\ NH_4SCN \rightleftharpoons \underset{\substack{\text{Coloração}\\ \text{vermelho-sangue}}}{Fe(SCN)_3} + 3\ NH_4Cl$$

Considerando a reação acima entre o íon férrico (Fe^{+++}) e o íon tiocianato (SCN^-), temos:

$$Fe^{+++} + SCN^- \rightleftharpoons [FeSCN]^{++}$$

Dependendo da concentração do íon tiocianato podem formar-se complexos de diversa composição:

$$Fe^{+++} + 2\ SCN^- \rightleftharpoons [Fe(SCN)_2]^+$$

$$Fe^{+++} + 3\ SCN^- \rightleftharpoons [Fe(SCN)_3]$$

A composição dos complexos pode chegar até:

$$Fe^{+++} + 6\ SCN^- \rightleftharpoons [Fe(SCN)_6]^{---}$$

A intensidade da cor é fixada pela concentração dos íons complexos formados.

A adição de íon férrico (mediante a adição do sal solúvel, $FeCl_3$) ou de íon tiocianato (SCN^-) (mediante a adição de tiocianato de amônio) provocará uma intensificação na cor vermelho-sangue dos íons complexos, que acarretará um deslocamento do equilíbrio para a direita.

Outro equilíbrio químico importante é o que se verifica entre os íons cromato CrO_4^{--}) e dicromato ($Cr_2O_7^{--}$).

Quando em solução aquosa, os cromatos apresentam coloração amarela, mas em presença de ácidos a solução torna-se alaranjada (dicromato), ocorrendo um deslocamento do equilíbrio para a direita de acordo com a equação.

$$2\ CrO_4^{--} + 2\ H^+ \rightleftharpoons Cr_2O_7^{--} + H_2O$$
amarelo alaranjado

Adicionando-se uma base ao equilíbrio acima, a solução ficará amarela novamente e o equilíbrio se deslocará para a esquerda.

III. MATERIAL E REAGENTES

Proveta de 100 ml
Tubos de ensaio
Pipetas graduadas
Estante para tubos de ensaio
Bagueta de vidro
Espátula
Becker de 100 ml
Solução saturada de cloreto férrico — $FeCl_3$
Solução saturada de tiocianato de amônio — $(NH_4)SCN$
Solução de dicromato de potássio 0,5 N — $K_2Cr_2O_7$
Solução de cromato de potássio 0,5 N — K_2CrO_4
Solução de ácido clorídrico 2 N — HCl
Solução de hidróxido de sódio 1 N — $NaOH$
Cloreto de amônio sólido — NH_4Cl

IV. PROCEDIMENTO EXPERIMENTAL

1. *Equilíbrio* Fe^{+++} / SCN^-

1.1. Medir 60 ml de água destilada em uma proveta e transferir para um Becker.
1.2. Adicionar 1-2 gotas de soluções saturadas de $FeCl_3$ e NH_4SCN. Agitar e observar.
Escrever a equação da reação.

1.3. Numerar 4 tubos de ensaio de mesmo diâmetro (1, 2, 3, 4).
1.4. Dividir a solução padrão (do item anterior) em quatro partes iguais (15 ml) e transferir para os quatro tubos de ensaio.
1.5. Adicionar ao tubo 2 pequenas quantidades de cloreto de amônio sólido.

Agitar até homogeneizar.
Comparar com a cor da solução nº 1.

A adição de NH_4Cl (produto da reação) provocou um deslocamento do equilíbrio para o lado esquerdo ou direito? Por quê?

1.6. Adicionar ao tubo 3 duas gotas de solução saturada de $FeCl_3$. Agitar.
Comparar com a cor da solução do tubo 1.

Para que lado houve deslocamento do equilíbrio? Por quê?

_____
_____

1.7. Adicionar ao tubo 4 duas gotas de solução saturada de NH_4SCN. Agitar. Comparar com a cor da solução do tubo 1.

_____

Para que lado houve deslocamento do equilíbrio? Por quê?

_____
_____

2. *Equilíbrio* $CrO_4^{--} / Cr_2O_7^{--}$

2.1. Numerar 6 tubos de ensaio (1, 2, 3, 4, 5, 6).
2.2. Colocar cerca de 1 mℓ de solução 0,5 N de cromato de potássio ou dicromato de potássio em cada tubo de acordo com a Tabela 30a.

Tabela 30a

Tubo	Reagentes	Produtos	Coloração	Deslocamento
1	$K_2Cr_2O_7$ + HCℓ			
2	$K_2Cr_2O_7$ + NaOH			
3	$K_2Cr_2O_7$			
4	K_2CrO_4 + HCℓ			
5	K_2CrO_4 + NaOH			
6	K_2CrO_4			

2.3. Adicionar 10 gotas de HCℓ 2N ou 10 gotas de NaOH aos tubos de acordo com a tabela.

Para comparar as cores coloque uma folha de papel em branco atrás do tubo de ensaio

2.4. Comparar e justificar a coloração do tubo 1 com os tubos 3 e 4.

_____
_____
_____

2.5. Comparar e justificar a coloração do tubo 4 com os tubos 1, 3 e 6.

_____
_____
_____

2.6. Comparar e justificar a coloração do tubo 2 com os tubos 3, 5 e 6.

_____
_____
_____

2.7. Comparar e justificar a coloração do tubo 5 com os tubos 2 e 6.

V. QUESTIONÁRIO SOBRE A VERIFICAÇÃO EXPERIMENTAL

1. Como se deve mudar a concentração da substância para deslocar o equilíbrio para a direita ou para a esquerda?
2. O que é constante de equilíbrio?

Anotações:

31 COLÓIDES

EXPERIÊNCIA N? 31

I. OBJETIVOS

Preparação em laboratório de soluções coloidais. Verificar algumas de suas propriedades.

II. INTRODUÇÃO TEÓRICA

Uma mistura homogênea pode ser facilmente distinguida de uma mistura heterogênea. Essa distinção, contudo, não é absoluta, pois existem sistemas que não são claramente homogêneos ou heterogêneos. Tais sistemas são classificados como intermediários e conhecidos como colóides.

Observando-se as dimensões das partículas dispersas numa solução coloidal, nota-se que as dimensões dessas partículas estão compreendidas entre 1 a 100 milimícron (1 milimícron = 10^{-7} cm).

Num colóide destacam-se duas partes: o dispergente ou dispersante, que é constituído de partículas menores e o disperso (também chamado de micelas ou tagmas) que é a parte de dimensões bastante maiores que aquelas que a circundam.

As partículas do disperso são visíveis nos ultramicroscópios e podem ser: a) agregados de íons, b) moléculas, c) macromoléculas d) íons gigantes.

As partículas do dispersante só são distuinguidas por raios-X, e são geralmente constituídas por moléculas podendo ser íons ou mesmo átomos isolados.

De acordo com a dispersibilidade, os colóides são classificados em colóides liófilos e liófobos.

Os colóides liófilos são os que se dispersam espontaneamente na água.

$$\underset{\text{(sólido)}}{GEL} \xrightleftharpoons[\text{eliminação do dispersante}]{\text{Adição de dispersante}} \underset{\text{(líquido)}}{SOL}$$

As reações ordinárias que em concentrações normais produzem precipitados, em concentrações baixas podem formar colóides.

III. MATERIAL E REAGENTES

Bico de Bunsen
Tripé de ferro
Tela de amianto
Suporte universal com garra e argola
Bastão de vidro
Becker de 100 ml
Tubos de ensaio
Estante para tubos de ensaio
Funil analítico
Placa de Petri
Pipeta graduada de 5 ml
Papel celofane
Barbante fino

Tesoura
Solução à 20% de cloreto férrico — $FeCl_3$
Solução de cloreto de sódio 0,5 M — $NaCl$
Solução 0,5 M de sulfato de sódio — Na_2SO_4
Solução saturada de cloreto de sódio — $NaCl$
Solução à 2% de nitrato de prata — $AgNO_3$
Solução 0,5 M de tiocianato de amônio — NH_4SCN
Solução de ácido clorídrico 2 N — HCl
Solução à 12% de silicato de potássio (K_4SiO_4) ou silicato de sódio (Na_4SiO_4)
Solução de amido à 5%
Solução alcoólica de iodo — I_2

IV. PROCEDIMENTO EXPERIMENTAL

1. *Preparação de uma dispersão coloidal de hidróxido férrico pela hidrólise do cloreto férrico.*

1.1. Colocar 50 ml de água destilada em um Becker de 100 ml.
1.2. Colocar o Becker na tela de amianto e aquecer com o bico de Bunsen, até a ebulição.
1.3. Retirar o bico de Bunsen.
1.4. Adicionar em pequenas porções com agitação, 30 gotas de solução à 20% de $FeCl_3$.
1.5. Aquecer a solução novamente por 2-3 minutos.
1.6. Observar a coloração do SOL do hidróxido férrico formado.
1.7. Reservar o conteúdo do Becker para testes posteriores.

A reação do processo é a seguinte:

$$FeCl_3 + 3 H_2O \rightarrow Fe(OH)_3 + 3 HCl$$

2. *Coagulação do SOL de hidróxido férrico por eletrólitos*

2.1. Numerar três tubos de ensaio.
2.2. Colocar 3 ml da dispersão coloidal preparada no item 1, em cada tubo.
2.3. Ao primeiro tubo, adicionar 2-5 gotas de solução 0,5 M de $NaCl$.
2.4. Ao segundo tubo, adicionar solução 0,5 M de Na_2SO_4.
2.5. Ao terceiro tubo, adicionar solução saturada de $NaCl$, até desaparecer a turvação.

Tabela 31a

Tubo	Observação
1	
2	
3	

3. *Diálise*

A diálise é um processo onde se usa a diferença de difusão das partículas coloidais e das partículas de uma solução verdadeira para separá-las.

Este processo é feito num dialisador onde se usa papel celofane (membrana semipermeável) para fazer essa separação.

3.1. *Preparação do dialisador*

3.1.1. Cortar um papel celofane em forma circular de tal forma que o diâmetro seja três vezes maior que o diâmetro da boca do funil.

Figura 31a: *Dialisador*

Não deixar a dispersão escorrer por fora do dialisador

3.1.2. Colocar a boca do funil no papel e amarrá-lo com bastante cuidado. Figura 31a.
3.1.3. Colocar água destilada numa placa de Petri.
3.1.4. Colocar o funil com o celofane (dialisador) na Placa de Petri. O celofane deve ficar em contato com a água.

3.2. *Diálise da dispersão coloidal de* $FeCl_3$ *e solução de* HCl

3.2.1. Colocar com o auxílio de uma pipeta, 10-15 ml da dispersão preparada no item 1, através da extremidade do funil(A).

Cuidado: Não deixar escorrer por fora do dialisador.

3.2.2. Deixar em difusão por 10-12 minutos.
3.2.3. Colocar 2 ml da solução da placa de Petri em um tubo de ensaio.
3.2.4. Adicionar 1 ml de solução de $AgNO_3$.
O que se observa? _____

_____

Escrever a reação ocorrida.

_____

3.2.5. Colocar 2 ml da solução da placa de Petri em um tubo de ensaio.
3.2.6. Adicionar 1 ml de solução de NH_4SCN.

O que se observa? _____

_____

Escrever a reação ocorrida (caso ocorra).

_____

O Fe^{3+} forma com o tiocianato $(SCN)^-$ um complexo de cor vermelho.

$Fe^{3+} + 6\,(SCN)^- \rightarrow [Fe(SCN)_6]^{3-}$

3.3. *Diálise de uma solução de amido e cloreto de sódio.*

O amido forma com a água uma dispersão coloidal e o cloreto de sódio forma com a água uma solução verdadeira. Podemos aproveitar a diferença de difusão dessas partículas para separá-las.

O amido forma com o iodo, um composto azul e o cloreto de sódio forma com nitrato de prata, um precipitado branco de cloreto de prata.

3.3.1. Colocar em um Becker de 100 ml, 10 ml de solução de amido e 10 ml de solução 0,5 M de NaCl.
3.3.2. Pipetar 10-12 ml dessa solução e transferir para o dialisador (proceder como no item 3.2.1.).
3.3.3. Deixar em difusão por 10-12 minutos.
3.3.4. Colocar 2 ml da solução da placa de Petri em um tubo de ensaio.
3.3.5. Adicionar 1 ml de solução de nitrato de prata.

O que se observa? _____

_____

Escrever a reação ocorrida.

_____

3.3.6. Colocar 2 ml da solução da placa de Petri em um tubo de ensaio.
3.3.7. Adicionar 1 ml de solução alcoólica de iodo.

O que se observa? _____

4. *Formação do GEL de Ácido Silícico*

4.1. Colocar 7 gotas de HCl 2 N em um tubo de ensaio.
4.2. Adicionar, com agitação constante, 15 gotas de solução de K_4SiO_4 ou Na_4SiO_4.
4.3. Observar a formação do SOL de ácido silícico e a sua gradativa coagulação.

Escrever a equação da reação.

V. QUESTIONÁRIO SOBRE A VERIFICAÇÃO EXPERIMENTAL

1. Definir:

a) Hidrossol   d) Suspensão
b) Gerossol   e) Pectização
c) Emulsão   f) Peptização

2. Explique as condições para a formação de um GEL.
3. Explicar o aparecimento de turbidez quando se adiciona eletrólitos à dispersão coloidal de hidróxido férrico.
4. Cite algumas aplicações dos colóides.
5. Que conclusões podem ser tiradas dos testes realizados após a diálise de $Fe(OH)_3$ + HCl?
6. Idem para a diálise do item 3.3.

Anotações:

32 PREPARAÇÃO DE SOLUÇÕES DE NaOH E HCl

EXPERIÊNCIA N.º 32

I. OBJETIVOS

Preparar soluções de ácidos e bases a fim de serem usadas em análise volumétrica.

II. INTRODUÇÃO TEÓRICA

1. *Solução* é qualquer sistema monofásico constituído por soluto e solvente. Soluto (dissolvido) é a fase dispersa, é aquele que está em menor quantidade. Solvente (dissolvente) é o dispersante, é aquele que está em maior quantidade. A concentração ou título de uma solução expressa a relação entre a quantidade de soluto e a quantidade de solvente (ou da solução).

2. *Tipos de concentrações*

2.1. Concentração comum (C)

É a relação entre a massa do soluto (g) e o volume da solução (litros).

$$C = \frac{m_1}{V} \quad (g/\ell)$$

2.2. *Densidade (d)*

É a relação entre a massa (g) da solução e o volume da solução, geralmente em mℓ ou cm^3.

$$d = \frac{m}{V} \quad (g/cm^3) \text{ ou } (g/m\ell)$$

2.3. *Concentração molar ou molaridade* (m)

É a relação entre o número de moles do soluto (n_1) e o volume da solução (litros).

$$m = \frac{n_1}{V} \quad (moles/\ell) \text{ ou (molar)}$$

Como o número de moles é a relação entre a massa e o mol de um composto, temos:

$$n_1 = \frac{m_1}{M_1} \quad \therefore \quad m = \frac{m_1}{M_1 \cdot V}$$

Uma solução 1 molar é aquela que apresenta 1 mol de soluto em 1 litro de solução.

2.4. *Concentração normal ou normalidade* (N)

É a relação entre o número de equivalentes-grama (n.º eq) do soluto e o volume da solução em litros.

$$N = \frac{n.º eq}{V} \quad (n.º eq\text{-}g\ell) \text{ ou (normal)}$$

Como o número de equivalentes-grama é a relação entre a massa e o equivalente-grama(E) de um composto, temos:

$$n\underline{°}eq = \frac{m_1}{E_1} \therefore N = \frac{m_1}{E_1 \cdot V}$$

$$E_{ácidos} = \frac{Mol}{n\underline{°} \text{ de } H^+}$$

$$E_{bases} = \frac{Mol}{n\underline{°} \text{ de } OH^-}$$

2.5. *Porcentagem em volume* (%V)

%V =   densidade . % em massa

3. *Diluição das soluções*

Diluir uma solução é diminuir a quantidade relativa do soluto através do acréscimo de uma certa quantidade de solvente puro.

Solução 1

m_1 = massa do soluto
E = equivalente-grama do soluto
N_1 = normalidade da solução
V_1 = volume da solução

Adicionando-se um certo volume de solvente puro à solução 1, origina-se a solução 2.

Solução 2

m = massa do soluto
E = equivalente-grama do soluto
N_2 = normalidade da solução
V_2 = volume da solução

Solução 1

$$N_1 = \frac{m_1}{E \cdot V_1}$$

$$\frac{m}{E} = V_1 \cdot N_1$$

$$\frac{m_1}{E} = n\underline{°} \ eq$$

$$n\underline{°}eq = V_1 \cdot N_1$$

Solução 2

$$N_2 = \frac{m_1}{E \cdot V_2}$$

$$\frac{m}{E} = V_2 \cdot N_2$$

$$\frac{m_1}{E} = n\underline{°} \ eq$$

$$n\underline{°} \ eq = V_2 \cdot N_2$$

Como o soluto é o mesmo e sua massa (constante) não varia com a simples adição do solvente, podemos afirmar que o número de equivalentes-grama da solução 1 é igual ao número de equivalentes-grama da solução 2.

N$\underline{°}$ eq da *solução 1* = N$\underline{°}$ eq da *solução 2*
$$V_1 \cdot N_1 = V_2 \cdot N_2$$

Equação fundamental usada para diluições e volumetria

$$\boxed{V_1 \cdot N_1 = V_2 \cdot N_2}$$

4. *Fator de correção* da normalidade de uma solução é o número que deve ser multiplicado pela normalidade teórica (normalidade dada), para se conhecer a normalidade real.

$$F = \frac{N \text{ real}}{N \text{ teórica}}$$

III. MATERIAL E REAGENTES

Pipetas graduadas de 10 mℓ
Pipetas volumétricas de 10 mℓ
Beckers
Erlenmeyer de 250 mℓ
Balões volumétricos de 100 mℓ
Pisseta
Bagueta de vidro
Rolha
Pêra de borracha
Funil comum
Ácido clorídrico concentrado – HCℓ
Hidróxido de sódio em lentilhas p.a ou solução concentrada de hidróxido de sódio – NaOH

IV. PROCEDIMENTO EXPERIMENTAL

1. *Preparação de uma solução de* HCℓ 1 N *à partir do* HCℓ **concentrado** (12 N).

Considerando a concentração do HCℓ 37% e sua densidade 1,18 g/mℓ, concluímos que a normalidade do HCℓ concentrado é aproximadamente 12 N, o que podemos constatar à partir dos seguintes cálculos.

% em massa = 37% ⇒ τ = 0,37

d = 1,18 g/mℓ

C = d . τ 10^3

C = 1,18.0,37.10^3 ⇒ C = 436,6 g/ℓ

C = N.E. ⇒ N = $\frac{C}{E}$ = $\frac{436,6}{36,5}$

$E_{HCℓ}$ = 36,5 g   N = 12 N

Não pipetar soluções concentradas com a boca

Usando a equação da diluição, temos:

V_1 = ? $V_1 \cdot N_1 = V_2 \cdot N_2$

N_1 = 12 N $V_1 = \frac{V_2 \cdot N_2}{N_1}$

V_2 = 100 mℓ $V_1 = \frac{100 \cdot 1}{12}$

N_2 = 1 N V_1 = 8,3 mℓ

1.1. Pipetar 8,3 mℓ de HCℓ concentrado, utilizando uma pipeta graduada, munida de pêra de borracha, transferindo-o para um balão volumétrico de 100 mℓ.

Observação: Não se deve pipetar soluções concentradas com a boca.

1.2. Completar o volume com água destilada até a marca de aferição.

1.3. Inverter o balão, segurando a rolha esmerilhada, várias vezes afim de homogeneizar a solução.

1.4. Guardar a solução.

2. *Preparação de uma solução 0,1 N de HCl a partir de uma solução 1 N (diluição).*

$V_1 = ?$ $\qquad V_1 = \dfrac{V_2 \cdot N_2}{N_1}$

$N_1 = 1\ N$ $\qquad V_1 = \dfrac{100 \cdot 0,1}{1}$

Segurar a rolha esmerilhada
ao inverter o balão $\quad V_2 = 100\ m\ell \qquad V_1 = 10\ m\ell$

$N_2 = 0,1\ N$

2.1. Pipetar 10 mℓ de solução de HCℓ 1 N, usando pipeta volumétrica de 10 ml, munida de pêra de borracha.

2.2. Transferir para um balão volumétrico de 100 mℓ

2.3. Completar o volume até a marca de aferição.

2.4. Inverter o balão, segurando a rolha esmerilhada, várias vezes, afim de homogeneizar a solução.

2.5. Guardar a solução.

3. *Preparação de solução concentrada de* NaOH

"Esta solução poderá ser preparada pelo professor para ser posteriormente diluída pelos alunos."

O hidróxido de sódio concentrado deve ser preparado segundo a seguinte técnica, afim de se evitar a carbonatação (reação com CO_2).

3.1. Pesar 25g de NaOH em lentilhas em um Erlenmeyer.

3.2. Adicionar pouco a pouco, 100 mℓ de água destilada, agitando até completa homogeneização.

3.3. Tapar a boca do Erlenmeyer com uma rolha e deixar em repouso durante um dia.

Está preparada uma solução concentrada de NaOH(6 N).

4. *Preparação de 100 mℓ de solução 1 N de NaOH à partir de solução concentrada.*

$N_1 = 6\ N \qquad V_1 = \dfrac{V_2 \cdot N_2}{N_1}$

$V_1 = ? \qquad V_1 = \dfrac{0,1 \cdot 100}{6}$

$N_2 = 0,1\ N \qquad V_1 = 1,66\ m\ell$

$V_2 = 100\ m\ell$

4.1. Pipetar 1,7 mℓ de solução concentrada de NaOH, usando uma pipeta graduada munida de pêra de borracha.

4.2. Transferir para um balão volumétrico de 100 mℓ.

4.3. Completar o volume com água destilada até a marca de aferição.

4.4. Inverter o balão, segurando a rolha esmerilhada, várias vezes, afim de homogeneizar a solução.

4.5. Guardar a solução.

5. *Preparação de 100 ml de solução de NaOH 0,1 N a partir de solução 1 N (diluição)*

$V_1 = ?$ $\qquad V_1 = \dfrac{V_2 \cdot N_2}{N_1}$

$N_1 = 1\,N$ $\qquad V_1 = \dfrac{100 \cdot 0,1}{1}$

$V_2 = 100\,ml$ $\qquad V_1 = 10\,ml$

$N_2 = 0,1\,N$

5.1. Pipetar 10 ml de solução 1 N, usando uma pipeta volumétrica de 10 ml, munida de pêra de borracha.
5.2. Transferir para um balão volumétrico de 100 ml.
5.3. Completar o volume com água destilada até a marca de aferição.
5.4. Inverter o balão, segurando a rolha esmerilhada, várias vezes, para homogeneizar a solução.
5.5. Guardar a solução.

V. QUESTIONÁRIO SOBRE A VERIFICAÇÃO EXPERIMENTAL

1. Como se prepara uma solução 2 N de KOH?
2. Como se prepara uma solução 5 N de H_2SO_4?
3. O que ocorre na carbonatação do hidróxido de sódio?
Escrever a equação da reação.

4. O que é diluição?

Anotações:

VOLUMETRIA

EXPERIÊNCIA N? 33

I. OBJETIVOS

Fornecer subsídios para determinação experimental de normalidade, concentração ou a quantidade de soluto de uma solução problema.

II. INTRODUÇÃO TEÓRICA

1. *Titulometria*

A titulação consiste na determinação do volume necessário de uma solução padrão, para reagir com um volume de uma solução problema.

1.1. *Acidimetria* é a determinação da dosagem de um ácido, empregando uma solução padronizada de uma base.

1.2. *Alcalimetria* é a determinação da dosagem de uma solução padronizada de um ácido.

Quando se adicionam números iguais de equivalentes-grama de base e de ácido, a solução mudará de cor em função da presença de um indicador ácido-base. Essa mudança de cor indica o ponto final da titulação e é chamado de ponto de viragem ou ponto de equivalência ($V_1 \cdot N_1 = V_2 \cdot N_2$).

1.3. *Permanganometria* é a determinação da dosagem de uma solução redutora, empregando uma solução padronizada de permanganato de potássio (solução oxidante) em meio ácido.

2. *Indicadores*

São substâncias orgânicas que se comportam como ácidos fracos ou como bases fracas e que dentro de uma faixa estreita de pH (4 à 10) mudam de coloração.
Na titulação de ácido forte com carbonato de sódio, deve-se usar o metilorange; e na titulação de base forte com biftalato de potássio, usa-se fenolftaleína.

Na titulação de ácido forte com base, usa-se metilorange, vermelho de metila ou fenolftaleína.

III. MATERIAL E REAGENTES

Buretas de 50 mℓ
Erlenmeyer de 250 mℓ
Papel de filtro qualitativo
Suporte universal
Garra metálica com mufa para buretas
Bico de Bunsen
Tripé de ferro — Funil comum
Tela de amianto
Carbonato de sódio dessecado — Na_2CO_3
Biftalato de potássio dessecado — $C_6H_4COOK \cdot COOH$
Oxalato de sódio dessecado — $Na_2C_2O_4$
Solução de ácido clorídrico 0,1 N — HCl

Solução de hidróxido de sódio 0,1 N – NaOH
Solução de permanganato de potássio 0,1 N – KMnO$_4$
Solução de ácido sulfúrico 1:4 – H$_2$SO$_4$
Solução de metilorange
Solução de fenolftaleína

IV. PROCEDIMENTO EXPERIMENTAL

1. *Padronização de solução* 0,1 N *de* HCℓ *com* Na$_2$CO$_3$

1.1. Colocar a bureta no suporte.
1.2. Lavar a bureta duas vezes com HCℓ (5 mℓ) que é adicionado por meio de um funil. Deixar escoar completamente cada porção antes da adição da seguinte.
1.3. Colocar o HCℓ na bureta até um pouco acima do zero da escala.
1.4. Abrir e fechar a torneira rapidamente para evitar a formação de bolhas de ar e para encher a ponta da bureta, até que a parte inferior do menisco coincida exatamente com a divisão zero.
1.5. Colocar num Erlenmeyer de 250 mℓ, 0,2 g de carbonato de sódio. Dissolvê-lo com 100 mℓ de água destilada.
Adicionar 2 gotas de solução de metilorange.

1.6. Colocar o Erlenmeyer sob a bureta.
1.7. Colocar um papel de filtro sob o Erlenmeyer para verificar o ponto de viragem com mais facilidade.
1.8. Segurar a torneira da bureta com a mão esquerda e o gargalo do Erlenmeyer com a mão direita. (Figuras 33a e 33b).
1.9. Usando a mão esquerda, abrir cuidadosamente a torneira da bureta e gotejar a solução de HCℓ na solução de Na$_2$CO$_3$ do Erlenmeyer, com agitação branda.

Observação: Entre uma gota e outra, o tempo deve ser de 10-15 segundos.

1.10. Continuar gotejando até que a solução passe da coloração amarela para alaranjado.
1.11. Ferver a solução durante dois minutos para que O CO$_2$ seja eliminado.
1.12. Resfriar a solução.
1.13. Caso seja necessário, adicionar mais algumas gotas de HCℓ até que a solução fique novamente alaranjada.
1.14. Anotar o volume gasto de HCℓ.

V_1 = _____ mℓ

Reação

$$Na_2CO_3 + 2\,HCℓ \rightarrow 2\,NaCℓ + CO_2\uparrow + H_2O$$

1.15. Repetir a titulação (do item 1.3 ao 1.14) com menor intervalo de tempo entre a adição das gotas de HCℓ, até próximo do ponto de viragem.
Continuar a adição de HCℓ, gota a gota até a viragem.
Anotar o volume de HCℓ gasto na segunda titulação. V_2 = _____ mℓ

Observação: Quando os resultados diferem no máximo em 1%, as titulações serão consideradas concordantes.
Achando os resultados discrepantes, efetuar nova titulação e desprezar o valor mais discrepante.

$$V_m = \frac{V_1 + V_2}{2} = \rule{2cm}{0.4pt} = \rule{2cm}{0.4pt} \text{ mℓ}$$

Cálculo da normalidade real (N_r) *de* HCℓ

Como o Na$_2$CO$_3$ e o HCℓ reagem equivalente-grama à equilavente-grama, temos:
nº eq HCℓ = nº eq Na$_2$CO$_3$

$$V_m \cdot N_r = \frac{m}{E}$$

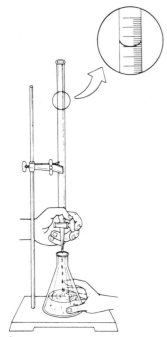

Figura 33a
Titulação

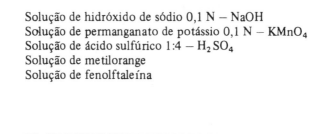

Figura 33b
Como controlar a vazão de uma bureta

Isolando N_r, temos: $$N_r = \frac{m}{E \cdot V_m \text{ (litros)}}$$

Onde:

V_m = volume gasto (litros) de HCℓ na titulação
m = massa de Na_2CO_3 pesada = 0,2 g
N_r = normalidade real do HCℓ a ser determinada

E = equivalente-grama do Na_2CO_3 = $\frac{Mol}{2}$

E = $\frac{106 \text{ g}}{2}$ = 53 g

$N_r = \frac{0,2}{53. (\quad)} \Rightarrow N_r =$ _____

Fator de correção da solução de HCℓ

$F = \frac{N \text{ real}}{N \text{ teórica}} = \frac{(\quad)}{0,1} \Rightarrow F =$ _____

2. *Padronização de uma solução de* NaOH 0,1 N *com biftalato de potássio*

2.1. Repetir os itens 1.1, 1.2, 1.3 e 1.4, usando solução de NaOH.
2.2. Colocar num Erlenmeyer de 250 mℓ, 0,7 — 0,9 g de biftalato de potássio dessecado. Dissolvê-lo em 100 mℓ de água destilada (se possível fervida e resfriada recentemente).
Adicionar 2 gotas de solução de fenolftaleína.
2.3. Titular (repetir itens 1.5 à 1.14) a solução de NaOH até que a solução contida no Erlenmeyer adquira coloração levemente rósea persistente durante 30 segundos.

V_1 = _____ mℓ

2.4. Repetir item 1.15.

V_2 = _____ mℓ

$V_m = \frac{V_1 + V_2}{2} =$ _____ = _____ mℓ

Cálculo da normalidade real (N_r) *da solução de* NaOH

Reação

NaOH + [estrutura do biftalato de potássio] ⟶ [estrutura do produto] + H_2O

"Proceder aos cálculos conforme a determinação da N_r do HCℓ"
n.º eq biftalato = n.º eq NaOH

$\frac{m}{E} = V_m \cdot N_r$

Onde:

V_m = volume gasto (litros) de solução de NaOH na titulação
m = massa de biftalato pesada = _____ g
N_r = normalidade real da solução de NaOH
E = equivalente-grama do biftalato = $\frac{Mol}{1}$
E = 204 g

$$N_r = \frac{m}{E \cdot V_{m\,(litros)}} = \frac{(\quad)}{204 \cdot (\quad)}$$

$N_r = \underline{\qquad}$

Fator de correção da solução de NaOH

$$F = \frac{N\ real}{N\ teórica} = \frac{(\quad)}{0,1}$$

$F = \underline{\qquad}$

3. *Padronização de uma solução de permanganato de potássio* $(KMnO_4)$ 0,1 N *com oxalato de sódio* $(Na_2C_2O_4)$

3.1. Colocar num Erlenmeyer, 0,25 – 0,3 g de $Na_2C_2O_4$ dessecado. Dissolver com 150 mℓ de água destilada. Adicionar 30 mℓ de solução 1:4 de H_2SO_4. Aquecer à 80 - 90ºC.

Observação: O $KMnO_4$ é o próprio indicador e sua leitura é feita no menisco superior devido a solução ser muito escura.

A leitura de soluções escuras deve ser feita no menisco superior

3.2. Titular a solução de $Na_2C_2O_4$ seguindo o procedimento visto nas outras padronizações, até o aparecimento da coloração rósea permanente por 30 segundos.

Observação: A temperatura no final da titulação deve ser superior a 50ºC.

Reação: $2\ KMnO_4 + 5\ Na_2C_2O_4 + 8\ H_2SO_4 \rightarrow 5\ Na_2SO_4 +$
$+ K_2SO_4 + 2\ MnSO_4 + 10\ CO_2 + 8\ H_2O$

"Determinar a Nr e o fator de correção da solução de $KMnO_4$"

V. QUESTIONÁRIO SOBRE A VERIFICAÇÃO EXPERIMENTAL

1. Como se deve proceder na pipetagem de soluções concentradas?
2. Qual o estado de agregação do HCℓ puro?
3. Por que o HCℓ concentrado tem normalidade aproximadamente 12 N?
4. O que é ponto de viragem?
5. Como se prepara uma solução 0,1 N de ácido sulfúrico à partir de ácido sulfúrico concentrado (d = 1,84 g/mℓ e 97% em massa)? Como se padroniza essa solução?
6. Como se prepara e padroniza uma solução 2 N de $Ca(OH)_2$?
7. O que é normalidade real?
8. Calcular a normalidade real e o fator de correção da solução de $KMnO_4$, do item IV. 3.

Anotações:

_____
_____
_____
_____
_____

34 EBULIOMETRIA

EXPERIÊNCIA N.º 34

I. OBJETIVOS

Determinação experimental da massa molecular de uma substância (ou soluto de um dado solvente) pela medida da elevação do ponto de ebulição, verificada entre o solvente e a solução.

II. INTRODUÇÃO TEÓRICA

As propriedades fundamentais das soluções podem ser correlacionadas pela Lei de Raoult na qual a pressão de vapor do solvente é igual ao produto da fração molar do solvente na solução pela pressão de vapor do solvente puro, para uma dada temperatura.

$$P_1 = P_O \cdot X_1$$ onde,

P_1 = pressão de vapor do solvente da solução citada
P_O = pressão de vapor do solvente puro
X_1 = fração molar do solvente na solução

Para maiores detalhes consulte *Química Básica* de Diamantino Trindade / Márcio Pugliesi

Deste modo, pressão de vapor e outras propriedades tais como ponto de congelamento, ponto de ebulição e pressão osmótica, dependem da relativa proporção entre moléculas do soluto e do solvente. Essas propriedades são chamadas de **propriedades coligativas**.

Não importa que o soluto seja de espécie iônica ou molecular, leve ou pesado; o importante é o número relativo das partículas.

As propriedades de uma solução podem, em muitos casos, serem compreendidas como sendo as do solvente puro, modificadas pela presença das moléculas do soluto. Estas propriedades são aquelas que, para um dado solvente o efeito, resultante da adição de um soluto depende apenas do número de moléculas deste, na solução. Em outras palavras, a magnitude da variação do valor da propriedade (por exemplo: elevação do ponto de ebulição) depende do número de partículas do soluto encontradas na solução e não da natureza do soluto.

Chama-se elevação do ponto de ebulição de uma solução, a diferença entre a temperatura de início da ebulição da solução (t_2) e a temperatura de ebulição do líquido puro (t_1).

$$\Delta t_e = t_2 - t_1$$

Um líquido puro entra em ebulição quando a pressão máxima de seus vapores torna-se igual à pressão externa.

Quando se dissolve um soluto não volátil em um solvente puro, a solução resultante entra em ebulição a uma temperatura mais elevada devido a diminuição da pressão máxima de vapor. (Figura 34a)

Experimentalmente, verifica-se que a adição de um mol de um *não-eletrólito* (não volátil) em 1.000 g de água faz subir o ponto de ebulição de 0,52ºC. Esse valor é constante para a água e denomina-se **constante ebuliométrica** (K_e). Cada solvente apresenta um K_e específico.

Figura 34a

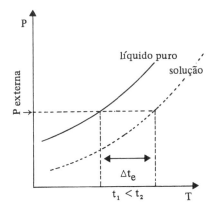

Pode-se assim, determinar a massa molecular de um soluto (M_1), dissolvendo-se uma massa conhecida do mesmo em uma massa conhecida de água e determinando-se cuidadosamente os pontos de ebulição da água e a seguir, da solução (ambos na pressão atmosférica local).

Com os dados obtidos calcula-se a massa em gramas de substância que seria necessário adicionar para fazer elevar o ponto de ebulição de 1.000 g de água em 0,52ºC.

Generalizando a discussão acima, a Ebuliometria pode ser resumida em duas Leis de Raoult.

Primeira lei: A elevação do ponto de ebulição de um líquido é diretamente proporcional à quantidade de substância dissolvida.

Segunda lei: A elevação do ponto de ebulição de um líquido, produzida pela dissolução de uma molécula-grama de uma substância qualquer (dando solução molecular) numa mesma massa líquida é constante.

Observações:

1. Estas leis são válidas para soluções diluídas.

2. No caso de soluções iônicas as leis continuam válidas desde que se calcule o número real de partículas (íons + moléculas).

3. *Definição:* Chama-se constante ebuliométrica (K_e) de um dado líquido, a elevação do ponto de ebulição, produzida pela dissolução de uma molécula-grama de uma substância qualquer (dando solução molecular), em 1.000 g do líquido considerado.

4. Pela Lei de Raoult, temos que:

$$\Delta t_e = K_e \cdot W \quad \text{onde}$$

$$W = \text{molalidade da solução} = \frac{m_1 \cdot 10^3}{M_1 \cdot m_2}$$

m_1 = massa da substância dissolvida (soluto)
m_2 = massa do líquido em questão (solvente)

$$\Delta t_e = K_e \cdot \frac{m_1 \cdot 10^3}{M_1 \cdot m_2}$$

Desta fórmula, podemos isolar M_1 para determinar a massa molecular do soluto:

$$\boxed{M_1 = \frac{K_e \cdot m_1 \cdot 10^3}{\Delta t_e \cdot m_2}}$$

III. MATERIAL E REAGENTES

Balão de fundo chato de 500 mℓ
Rolha de borracha com dois furos
Termômetro (0 à 110ºC)
Balão aferido de 100 mℓ ou proveta de 100 mℓ
Pérolas de vidro (para ebulição)
Suporte universal com garras
Anel de ferro com garra
Tela de amianto
Bico de Bunsen — Vara de vidro
Água destilada (150 mℓ)
Etileno glicol p.a. (30 mℓ) — $C_2H_4(OH)_2$

IV PROCEDIMENTO EXPERIMENTAL

1. *Ponto de ebulição da água*

1.1. Montar a aparelhagem conforme a Figura 34b.
1.2. Medir 100 mℓ de água destilada e colocar no balão.
1.3. Adicionar 4 pérolas de vidro.
1.4. Submergir o bulbo do termômetro pouco abaixo do nível da água e determinar o ponto de ebulição da água pura, elevando-se a temperatura até atingir fervura suave. (Um aquecimento muito forte produzirá superaquecimento e perdas de água desnecessárias na forma de vapor.) O ponto de ebulição será verificado quando a temperatura indicada permanecer constante.
1.5. Fazer a leitura (t_1)

$t_1 = $ _____ °C

Evitar perdas de água sob forma de vapor

Interromper o aquecimento para evitar perdas de água.

2. *Ponto de ebulição da solução de etileno glicol*

2.1. Adicionar no balão, 22,5 mℓ de etileno glicol (densidade = 1,10 g/mℓ).
2.2. Proceder como no item 2 e determinar o ponto de ebulição da solução.

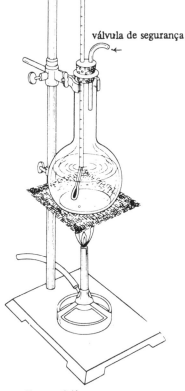

Figura 34b

V. CÁLCULOS

$\Delta t_e = t_2 - t_1 = $ _____ _____ = _____ °C

2. *Massa de água (m_2)*

Considerando a densidade da água igual a 1 g/mℓ temos.
$m_2 = 100$ g

3. *Massa de etileno glicol (m_1)*

$d = 1,10$ g/mℓ $V = 22,5$ mℓ

$d = m/V \therefore m = d \cdot V = $ _____ g

4. $K_e = 0,52$ °C

5. *Cálculo da massa molecular do etileno glicol (M_1)*

$$M_1 = \frac{K_e \cdot m_1 \cdot 10^3}{\Delta t_e \cdot m_2} = $$ _____

$M_1 = $ _____

VI. QUESTIONÁRIO SOBRE A VERIFICAÇÃO EXPERIMENTAL

1. Escrever a fórmula estrutural plana do etileno glicol.
2. Qual a função das pérolas de vidro na experiência?
3. Consultar uma tabela periódica e determinar a massa molecular real do etileno glicol.
4. Comparar a massa molecular do etileno glicol (real) com a massa molecular determinada experimentalmente. Calcular o erro experimental (%).
5. Quais as causas dos erros verificados na determinação experimental?

ELETRÓLISE QUALITATIVA DO IODETO DE POTÁSSIO

EXPERIÊNCIA N? 35

I. OBJETIVOS

Estudar experimentalmente a eletrólise de uma solução aquosa de iodeto de potássio.

II. INTRODUÇÃO TEÓRICA

Eletrólise é toda reação de decomposição sob a ação da corrente elétrica.
A corrente elétrica decompõe as substâncias eletrolíticas, tais como ácidos, bases e sais, em íons positivos ou cátions que se dirigem ao pólo positivo, estabelecendo-se o circuito elétrico.

O pólo positivo é chamado de ÂNODO e o pólo negativo é chamado de CÁTODO.

Reações Ocorridas

$$2\,KI \rightarrow 2\,K^+ + 2\,I^-$$
$$2\,I^- \rightarrow I_2 + 2\,e^- \quad (\text{ÂNODO})$$
$$2\,H_2O \rightarrow 2\,H^+ + 2\,OH^- \quad (\text{CÁTODO})$$
$$2\,H^+ + 2\,e^- \rightarrow H_2$$

$$2\,KI + 2\,H_2O \rightarrow I_2 + H_2 + 2\,K^+ + 2\,OH^- \quad (\text{Reação Global})$$

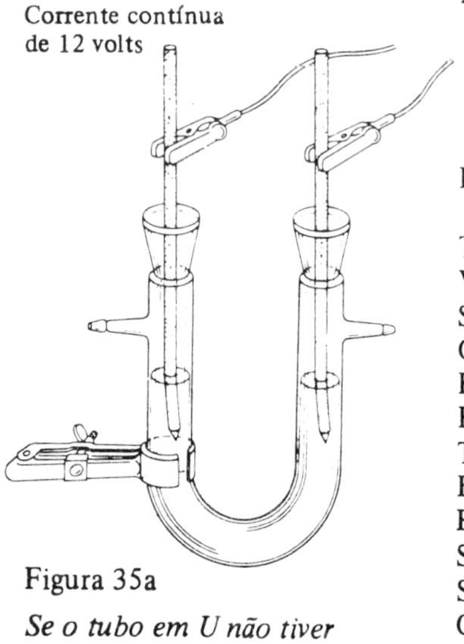

Figura 35a

Se o tubo em U não tiver braços laterais, deve-se ter o cuidado de usar rolhas com fendas longitudinais para permitir a saída dos gases que se possam formar.

III. MATERIAL E REAGENTES

Tubo em U
Varetas de carvão
Suporte universal
Garra metálica
Fios elétricos
Fonte de corrente contínua de 12 Volts
Tubos de ensaio
Estante para tubos de ensaio
Pipeta de 5 mℓ
Solução 1 N de iodeto de potássio – KI
Solução à 5% de amido
Clorofórmio – $CHCl_3$
Solução de fenolftaleína
Solução de metilorange ou vermelho de metila

IV. PROCEDIMENTO EXPERIMENTAL

1. Montar a aparelhagem conforme a Figura 35a.
2. Colocar solução de KI no tubo em U até aproximadamente 3/4 do seu volume.

3. Ligar a fonte de corrente contínua e deixar a eletrólise ocorrer durante 15-18 minutos.
Observar e anotar os fenômenos ocorridos nos dois pólos.

___

4. Colocar 1 ml da solução do cátodo em dois tubos de ensaio, respectivamente.
5. Ao primeiro, adicionar 4 gotas de solução de amido.
Observar.

___

6. Ao segundo adicionar 4 gotas de clorofórmio. Agitar fortemente. Observar.

___

7. Colocar 1 ml da solução do ânodo em dois tubos de ensaio, respectivamente.
8. Ao terceiro, adicionar 4 gotas de fenolftaleína. Observar.

___

9. Ao quarto, adicionar 4 gotas de metilorange ou vermelho de metila. Agitar e observar.

___

10. Adicionar 4 gotas de fenolftaleína ao elétrodo onde se formam bolhas de gás. Observar durante 5 minutos.

___

11. Adicionar 4 gotas de solução de amido no elétrodo onde se formou a solução marrom escuro. Observar durante 5 minutos.

___

V. QUESTIONÁRIO SOBRE A VERIFICAÇÃO EXPERIMENTAL

1. Qual é o gás libertado no ânodo?
2. Qual é a razão da coloração verificada no anodo quando se adiciona fenolftaleína?
3. Que substância formou-se no ânodo?
4. Qual a razão da coloração verificada no cátodo?
5. Que substância formou-se no cátodo?
6. Por que a solução de KI tornou-se marrom escuro no cátodo?
7. Tubo 1 + solução de amido ⟶ Cor: _____
Justificar.
8. Tubo 2 + solução Clorofórmio ⟶ Cor: _____
Justificar.
9. Tubo 3 + metilorange ⟶ Cor: _____
Justificar.
10. Tubo 4 + fenolftaleína ⟶ Cor: _____
Justificar.
11. O que ocorre com o iodo em presença de KI?
12. A solução usada na eletrólise precisa ser iônica? Por quê?
13. Quais as substâncias que se formariam se, ao invés de solução de KI, usássemos uma solução de NaCℓ?
14. O que é eletrólise ígnea? Dê um exemplo.
15. Por que se usa elétrodos de carvão?
16. Cite três aplicações industriais da eletrólise.

HIDROCARBONETOS E ÁLCOOIS

EXPERIÊNCIA N? 36

I. OBJETIVOS

Verificar, experimentalmente, algumas reações de alguns hidrocarbonetos.
Verificar algumas propriedades do etanol.
Comparar a reatividade do 1-butanol com os seus isômeros.

II. INTRODUÇÃO TEÓRICA

Nesta experiência, estudaremos inicialmente as reações de hidrocarbonetos cíclicos saturados e insaturados, tais como o ciclohexano e ciclohexeno e hidrocarbonetos aromáticos, tais como o benzeno e o tolueno, sendo que este último apresenta uma substituição.

Faremos comparações destes hidrocarbonetos em função da sua resistência à oxidação, com o mesmo agente oxidante e também, a sua capacidade de substituição ou adição.

Testaremos a reação do etanol com o $KMnO_4$ em meio ácido, meio neutro e meio básico.

Finalmente, faremos uma comparação dos três álcoois isômeros em função da sua reação com HCℓ concentrado e com $KMnO_4$ neutro.

Na reação com HCℓ concentrado, devemos observar a facilidade com que o grupo (OH) do álcool, reage com HCℓ para formar água e cloreto de alquila. O cloreto de alquila é pouco solúvel na fase aquosa e se detecta a sua presença por uma turvação devido a suspensão de gotículas do cloreto de alquila em água.

III. MATERIAL E REAGENTES

Tubos de ensaio
Estante para tubos de ensaio
Etiquetas ou lápis vitrográfico
Ciclohexano – C_6H_{12}
Ciclohexeno – C_6H_{10}
Benzeno – C_6H_6
Tolueno – $C_6H_5CH_3$
Etanol – C_2H_5OH
1-Butanol – C_4H_9OH
2-Butanol – C_4H_9OH
3-Metil-2-propanol – C_4H_9OH
HCℓ concentrado
Solução alcalina de permanganato de potássio 0,005 M – $KMnO_4$
Solução de permanganato de potássio 1 M – $KMnO_4$
Solução de bromo em tetracloreto de carbono – $Br_2/CCℓ_4$
Solução de ácido sulfúrico 6 M – H_2SO_4
Solução de hidróxido de sódio 6 M – NaOH

IV. PROCEDIMENTO EXPERIMENTAL

1. Escrever as fórmulas estruturais planas dos seguintes hidrocarbonetos:

Ciclohexano – C_6H_{12}

Ciclohexeno – C_6H_{10}

Benzeno – C_6H_6

Tolueno – $C_6H_5CH_3$

2. Etiquetar ou numerar quatro tubos de ensaio:

Tubo 1: ciclohexano
Tubo 2: ciclohexeno
Tubo 3: Benzeno
Tubo 4: Tolueno

3. Colocar 1 mℓ do respectivo hidrocarboneto no tubo correspondente.
4. Adicionar a cada tubo, 2 mℓ de solução alcalina de $KMnO_4$ 0,005 M.
5. Tapar cada tubo e agitar.
6. Observar as possíveis mudanças de cor em cada um dos tubos.
7. Agitar os tubos à cada cinco minutos e observar.

Tabela 36a

Tubo	Variação de cor
1	
2	
3	
4	

8. Etiquetar quatro tubos de ensaio tal como no item 2.
9. Colocar 1 mℓ de respectivo hidrocarboneto no tubo correspondente.
10. Adicionar à cada tubo 1 mℓ de solução $Br_2/CCℓ_4$
11. Tapar cada tubo e agitar.
12. Observar as possíveis mudanças de cor em cada um dos tubos.

Tabela 36b

Tubo	Variação de cor
1	
2	
3	
4	

13. Continuar adicionando bromo ao tubo(s) que apresentar variação de cor, até que a cor persista ou até que se tenha adicionado 2 mℓ de Br$_2$/CCℓ$_4$.
14. Escrever a fórmula estrutural plana do etanol:

```
┌─────────────────────────────────────────┐
│                                         │
│                                         │
│                                         │
│                                         │
└─────────────────────────────────────────┘
```

Etanol – C$_2$H$_5$OH

15. Etiquetar ou numerar três tubos de ensaio:

Tubo 1: Neutro
Tubo 2: Ácido
Tubo 3: Básico

16. Colocar em cada tubo, 2 mℓ de KMnO$_4$ 1 M.
17. Adicionar 2 mℓ de água destilada ao tubo 1.
18. Adicionar 2 mℓ de H$_2$SO$_4$ 6 M ao tubo 2.
19. Adicionar 2 mℓ de NaOH 6 M ao tubo 3.
20. Adicionar 2-5 gotas de etanol a cada tubo.
21. Tapar e agitar cada tubo.
22. Observar as possíveis variações de cor das soluções de KMnO$_4$.

Observação:

Solução com íons (MnO$_4$)$^{--}$: cor verde
Solução com íons Mn^{++} : rosa claro ou incolor
Solução com MnO$_2$: precipitado pardo

Tabela 36c

Tubo	Variação de cor
1	
2	
3	

23. Escrever as fórmulas estruturais planas dos seguintes álcoois:

```
┌───────────────────────┐    ┌───────────────────────┐
│                       │    │                       │
│                       │    │                       │
│                       │    │                       │
└───────────────────────┘    └───────────────────────┘
```

1-Butanol : C$_4$H$_9$OH   2-Butanol : C$_4$H$_9$OH

```
┌───────────────────────┐
│                       │
│                       │
│                       │
└───────────────────────┘
```

3-metil-2-propanol : C$_4$H$_9$OH

24. Etiquetar ou numerar três tubos de ensaio.

Tubo 1 : 1-Butanol
Tubo 2 : 2-Butanol
Tubo 3 : 3-Metil-2-Propanol

25. Colocar 1 mℓ de cada álcool no respectivo tubo.
26. Adicionar a cada tubo, 5 mℓ de HCℓ concentrado.
27. Tapar e agitar **com bastante cuidado**.
28. Observar depois de 1 minuto se há o aparecimento do cloreto de alquila (pouco solúvel).

Tabela 36d

Tubo 1	
Tubo 2	
Tubo 3	

29. Etiquetar ou numerar três tubos de ensaio tal como no item 24.
30. Colocar 2 mℓ de solução de KMnO$_4$ 0,01 M em cada tubo.
31. Adicionar 2 mℓ do respectivo álcool ao tubo correspondente.
32. Tapar e agitar.
33. Observar a cor da solução de KMnO$_4$ durante 5 minutos.

Tabela 36e

Tubo	Variação de cor
1	
2	
3	

V. QUESTIONÁRIO SOBRE A VERIFICAÇÃO EXPERIMENTAL

1. O que se pode concluir, em relação a resistência à oxidação, dos quatro hidrocarbonetos estudados?
Escrever as equações das reações ocorridas.
2. O que se pode concluir, em relação à reação do bromo com os quatro hidrocarbonetos estudados?
Escrever as equações das reações ocorridas.
3. O que se pode concluir, em relação à reação do etanol com permanganato de potássio em meio neutro, meio ácido e meio básico?
Escrever as equações das reações ocorridas.
4. Mediante as reações dos três álcoois isômeros com ácido clorídrico concentrado e permanganato de potássio, o que se pode concluir em relação à sua reatividade? Justificar as respostas em função da posição do grupo (OH).
Escrever as equações das reações ocorridas.
5. Colocar os três álcoois isômeros em ordem crescente de reatividade.

Anotações:

_____
_____
_____
_____
_____
_____
_____

ACETILENO. OBTENÇÃO E ALGUMAS PROPRIEDADES

EXPERIÊNCIA Nº 37

I. OBJETIVOS

Obter o acetileno a partir da reação entre o carbeto de cálcio e a água.
Testar algumas propriedades do acetileno.

II. INTRODUÇÃO TEÓRICA

> O acetileno é tóxico, causando dores de cabeça

O acetileno é um gás incolor, um pouco mais leve do que o ar e cuja fórmula molecular é C_2H_2. Este gás tem um odor desagradável devido à vestígios de impurezas provenientes da sua obtenção. É um gás venenoso e produz dores de cabeça.

O acetileno é bastante solúvel em acetona e a 20ºC, 100 volumes de água, dissolvem 103 volumes de C_2H_2.

Podemos citar, como usos principais, a sua utilização em maçaricos oxiacetilênicos, onde se consegue uma temperatura da ordem de 3300ºC, devido ao seu alto calor de combustão.

O acetileno é bastante usado na obtenção de cloreto de polivinila (P.V.C.).

A obtenção deste alcino pode ser feita facilmente pela adição de água ao carbeto de cálcio (carbureto). Nessa reação, forma-se além do acetileno, o hidróxido de cálcio.

III. MATERIAL E REAGENTES

Tubos de ensaio
Varetas de vidro
Rolhas
Suporte universal
Argola para funil
Papel de filtro
Caixa de fósforos
Estante para tubos de ensaio
Bico de Bunsen
Furador de rolhas
Garra
Bagueta de vidro
Funil comum
Papel de filtro qualitativo
Pinça de madeira
Carbeto de cálcio (CaC_2) sólido
Solução 0,1 M de permanganato de potássio ($KMnO_4$)
Solução 1 M de ácido sulfúrico (H_2SO_4)
Água de bromo (Br_2/H_2O)
Solução de fenolftaleína

IV. PROCEDIMENTO EXPERIMENTAL

1. *Obtenção do acetileno*

1.1. Utilizando um tubo de ensaio, uma rolha e uma vareta de vidro de 15 à 20 cm, montar o aparelho da Figura 37a.
1.2. Colocar 2 ou 3 pedaços (aproximadamente 1 grama) de CaC_2 no tubo A.
1.3. Adicionar água ao tubo A até 1/3 do seu volume e tapar **rapidamente**.

Reação: $CaC_2 + 2 H_2O \rightarrow Ca(OH)_2 + C_2H_2 \uparrow$

1.4. Encher 2 ou 3 tubos de ensaio com acetileno, arrolhando-os. Reservar o tubo A e os seus produtos para testes posteriores.

Observação: itens 2.6; 2.7; 2.8; 2.9 e 2.10, podem ser feitos a esta altura da experiência, a critério do professor.

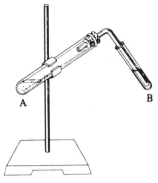

Figura 37a

2. *Algumas propriedades do acetileno*

Combustão

2.1. Destapar um dos tubos e aproximar um fósforo aceso à sua boca.

O que ocorre? _____

2.2. Destapar outro tubo e incliná-lo, durante alguns segundos para que uma parte do acetileno seja expulso.
2.3. Aproximar um fósforo aceso à boca do tubo.

O que ocorre? _____

Escrever a equação da reação de combustão do acetileno.

_____ + _____ → _____ + _____

Testes dos produtos formados no tubo A

2.4. Filtrar, com a técnica adequada, os produtos no tubo A.
2.5. Adicionar 3 gotas de solução de fenolftaleína ao filtrado. Anotar a variação de cor.

De: _____ Para: _____

Oxidação

2.6. Colocar 2 mℓ de solução 1 M de H_2SO_4 no tubo B (Figura 37b.)
2.7. Adicionar 4 mℓ de solução 0,1 M de $KMnO_4$.
2.8. Passar uma corrente de acetileno nessa solução. Para isto, repetir os itens 1.1; 1.2 e 1.3.

O que se observa?

_____
_____
_____
_____

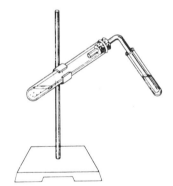

Figura 37b

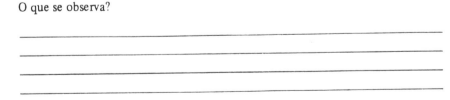

Reações: $H-C \equiv C-H + [O] + H_2O \rightarrow 2\ H-\overset{O}{\underset{OH}{C}}$ ácido fórmico

$H-\overset{O}{\underset{OH}{C}} \xrightarrow{[O]} CO_2 \uparrow + H_2O$

Reação com Bromo

2.9. Colocar 5 mℓ de água de bromo no tubo B (Figura 37a.)
2.10. Sobre a água de bromo, passar uma corrente de acetileno.

O que se observa? _____

_____

Escrever a reação ocorrida.

_____

V. QUESTIONÁRIO SOBRE A VERIFICAÇÃO EXPERIMENTAL

1. Escrever a reação ocorrida entre o carbeto de cálcio e a água.
2. Escrever a fórmula estrutural plana do acetileno.
3. A que função orgânica pertence o acetileno? Qual a fórmula geral dessa função?
4. Qual o nome oficial (I.U.P.A.C.) do acetileno?
5. Justificar a mudança de cor ocorrida no item 2.5.
6. Pesquisar a respeito do funcionamento do maçarico oxiacetilênico.

Anotações:

38 OBTENÇÃO DO IODOFÓRMIO

EXPERIÊNCIA N.º 38

I. OBJETIVOS

Preparar o iodofórmio em laboratório através da reação entre acetona, solução de hipoclorito de sódio e iodeto de potássio.

II. INTRODUÇÃO TEÓRICA

1. O iodofórmio é um composto polihalogenado e apresenta a seguinte fórmula molecular: CHI_3

O iodofórmio pode ser obtido através do tratamento da acetona com solução de hipoclorito de sódio. Este processo é conhecido pelo nome de **reação do halofórmio**.

2. Reações envolvidas no processo:

$$NaC\ell O + 2\ KI + H_2O \rightarrow NaC\ell + 2\ KOH + I_2$$

$$\underset{\text{acetona}}{H_3C-\overset{\overset{O}{\|}}{C}-CH_3} + 3\ I_2 \rightarrow \underset{\text{triiodo acetona}}{I-\overset{\overset{I}{|}}{\underset{\underset{I}{|}}{C}}-\overset{\overset{O}{\|}}{C}-CH_3} + 3\ HI$$

$$I-\overset{\overset{I}{|}}{\underset{\underset{I}{|}}{C}}-\overset{\overset{O}{\|}}{C}-CH_3 + KOH \rightarrow \underset{\text{iodofórmio}}{CHI_3} + K^+ \underset{\text{acetato de potássio}}{\left[\overset{\diagup O}{\underset{\diagdown O}{C}}-CH_3 \right]^-}$$

III. MATERIAL E REAGENTES

Becker de 500 mℓ
Bagueta de vidro
Kitassato
Cadinho de vidro com placa sinterizada
Funil de separação
Estufa
Trompa de vácuo
Balança
Solução de hipoclorito de sódio (NaCℓO) à 5%
Acetona (propanona) $\left[H_3C-\overset{\overset{O}{\|}}{C}-CH_3 \right]$
Iodeto de potássio sólido (KI)

IV. PROCEDIMENTO EXPERIMENTAL

1. Colocar, em um Becker de 500 mℓ, 6 g de iodeto de potássio, 100 mℓ de água destilada e 10 mℓ de acetona Figura 38a.
2. Em um funil de decantação, colocar 60 mℓ de solução de hipoclorito de sódio.
3. Com agitação constante, iniciar a adição, gota a gota, de hipoclorito de sódio sobre a mistura do Becker, até que ocorra a precipitação completa do iodofórmio (precipitado amarelo).

Fixar firmemente o látex na trompa de vácuo

4. Deixar o precipitado formado assentar no fundo do Becker.
5. Filtrar à vácuo, através de cadinho de vidro com placa sinterizada, previamente pesado.
6. Lavar, três vezes, o precipitado com água destilada.
7. Secar o precipitado à 80°C, na estufa.
8. Pesar os cristais

massa do cadinho vazio = m' = _____ g

massa do cadinho – precipitado = m" = _____ g

massa do precipitado = m" + m' = _____ g

Figura 38a

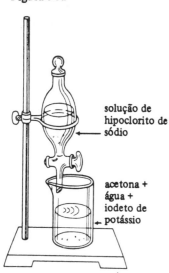

V. CÁLCULOS

1. *Rendimento teórico*

Massas moleculares: I_2 (254)

KI (166)

CHI_3 (394)

$$I-\underset{\underset{I}{|}}{\overset{\overset{I}{|}}{C}}-\overset{\overset{O}{\|}}{C}-CH_3 \quad (486)$$

1.1. $NaCℓO + 2\ KI + H_2O \rightarrow NaCℓ + 2\ KOH + I_2$

332 g ────────────────────────── 254 g
6 g ────────────────────────── x

| x = 4,59 g de I_2 |

1.2. $H_3C-\underset{\underset{O}{\|}}{C}-CH_3 + 3\ I_2 \rightarrow I-\underset{\underset{I}{|}}{\overset{\overset{O}{\|}}{C}}-CH_3 + 3\ HI$

762 g ──────── 436 g
4,59 g ──────── y

$$y = 2{,}62\ g\ de\ I-\underset{\underset{I}{|}}{\overset{\overset{I}{|}}{C}}-\overset{\overset{O}{\|}}{C}-CH_3$$

1.3.
$$I-\underset{\underset{I}{|}}{\overset{\overset{I}{|}}{C}}-\underset{\underset{O}{\|}}{C}-CH_3 + KOH \rightarrow CHI_3 + K^+ \begin{bmatrix} \underset{\underset{O}{\|}}{\overset{\overset{O}{/}}{C}}-CH_3 \end{bmatrix}$$

436 g ——————————————— 394 g
2,62 g ——————————————— z

$\boxed{z = 2{,}37 \text{ g de } CHI_3}$

2. *Comparar o rendimento teórico com o rendimento experimental (massa de CHI_3 obtida no item 8)*

VI. QUESTIONÁRIO SOBRE A VERIFICAÇÃO EXPERIMENTAL

1. Calcular a porcentagem de rendimento obtida no processo.
2. Comentar os eventuais desvios do rendimento experimental em relação ao rendimento teórico.
3. Pesquisar algumas propriedades e aplicações do iodofórmio.

Anotações:

39 — ÁCIDO ACÉTICO. ALGUMAS PROPRIEDADES

EXPERIÊNCIA N? 39

I. OBJETIVOS

Estudar experimentalmente algumas propriedades do ácido acético.
Preparar em laboratório, um sabão através da saponificação do acetato de etila.

II. INTRODUÇÃO TEÓRICA

O ácido acético é um líquido incolor, de cheiro penetrante e sabor azedo. Este ácido apresenta as seguintes fórmulas:

Fórmula molecular: H_3CCOOH

Fórmula estrutural plana:

$$H - \overset{\overset{H}{|}}{\underset{\underset{H}{|}}{C}} - C\overset{\diagup\!\!\diagup O}{\diagdown OH}$$

O ácido acético apresenta ponto de ebulição igual a 118°C e é solúvel em água, éter e álcool.

Quando puro e anidro, o ácido acético congela a 16,7°C, tomando o aspecto de gelo. Deriva daí o nome de ácido acético glacial que recebe este ácido puro.

Nesta experiência, estudaremos três propriedades do ácido acético e uma propriedade do acetato de etila.

III. MATERIAL E REAGENTES

Tubos de ensaio
Estante para tubos de ensaio
Becker de 100 mℓ
Bagueta de vidro
Papel de tornassol vermelho
Solução de fenolftaleína
Pipetas de 5 mℓ
Solução de ácido acético ($H_3C-COOH$) 0,05 M
Solução de ácido acético ($H_3C-COOH$) 3 M
Solução de carbonato de sódio (Na_2CO_3) 1 M
Solução de bicarbonato de sódio ($NaHCO_3$) 2 M
Ácido sulfúrico concentrado (H_2SO_4)
Álcool etílico (C_2H_5OH)
Acetato de etila ($CH_3-COOC_2H_5$)
Ácido acético glacial (CH_3-COOH)
Solução de hidróxido de sódio (NaOH) 0,1 N
Solução de hidróxido de sódio (NaOH) à 10%

IV. PROCEDIMENTO EXPERIMENTAL

1. Neutralização do ácido acético

Devido ao seu caráter ácido, o ácido acético sofre neutralização em presença de bases.

$$H_3C-C(=O)OH + NaOH \rightarrow H_3C-C(=O)ONa + H_2O$$

acetato de sódio

1.1. Colocar 2 mℓ de solução, 1 N de NaOH em um tubo de ensaio.
1.2. Adicionar uma gota de fenolftaleína.
1.3. Adicionar solução de ácido acético 0,05 M, gota a gota até que a solução perca a cor.
1.4. Explique a mudança de cor: _____

2. Reação do ácido acético com Na_2CO_3 e $NaHCO_3$

$$2\ H_3C-C(=O)OH + Na_2CO_3 \rightarrow 2\ H_3C-C(=O)ONa + H_2CO_3$$
$$H_2CO_3 \rightleftharpoons CO_2 + H_2O$$

2.1. Colocar 3 mℓ de solução 1 M de Na_2CO_3 em um tubo de ensaio.
2.2. Adicionar 2 mℓ de solução de ácido acético 3 M.
2.3. Observar:

_____

2.4. Colocar 3 mℓ de solução 2 M de $NaHCO_3$ em um tubo de ensaio.
2.5. Adicionar 2 mℓ de solução de ácido acético 3 M.
2.6. Observar.

_____

3. Esterificação do ácido acético

O ácido acético reage com álcoois, formando como produtos um éster e água.

$$H_3C-C(=O)OH + R-OH \xrightleftharpoons{H_2SO_4} H_3C-C(=O)O-R + H_2O$$

3.1. Colocar 2,5 mℓ de ácido acético glacial em um Becker de 100 mℓ.
3.2. Adicionar 5 mℓ de álcool etílico.
3.3. Adicionar 1,5 mℓ de ácido sulfúrico concentrado, gota a gota.
3.4. Aquecer brandamente até a ebulição.
3.5. Resfriar e alcalinizar a solução com NaOH à 10%. Testar com papel tornassol vermelho.
3.6. Sentir o odor.

4. Saponificação do acetato de etila

A reação inversa da esterificação é chamada de **hidrólise**. Esta reação pode sofrer uma catálise básica, deslocando o equilíbrio para a direita. Esta reação é chamada de reação de saponificação.

$$H_3C-\underset{O-CH_2-CH_3}{\overset{O}{\overset{\|}{C}}} + NaOH \rightarrow H_3C-\underset{ONa}{\overset{O}{\overset{\|}{C}}} + H_3C+CH_2-OH$$

4.1. Colocar 5 mℓ de acetato de etila em um Becker de 100 mℓ.
4.2. Adicionar 15 mℓ de NaOH à 10%.
4.3. Observar:

_____
_____

4.4. Agitar, com bagueta de vidro, por 3 minutos ou mais.
4.5. Verificar se houve alteração da temperatura.
4.6. Observar:

_____
_____

V. QUESTIONÁRIO SOBRE A VERIFICAÇÃO EXPERIMENTAL

1. Escrever a reação da equação entre o ácido acético e o hidróxido de sódio.
2. Escrever a equação da reação entre o ácido acético e o carbonato de sódio.
3. Escrever a equação da reação entre o ácido acético e o bicarbonato de sódio.
4. Escrever a equação da reação entre o ácido acético e o álcool etílico.
5. Escrever a equação da reação de saponificação do acetato de etila.

Anotações:

PREPARAÇÃO DE UMA RESINA ALQUÍDICA

EXPERIÊNCIA N? 40

I. OBJETIVOS

Preparar, em escala de laboratório, uma resina gliptal.

II. INTRODUÇÃO TEÓRICA

O termo polimerização refere-se a combinação química de um certo número de moléculas iguais ou semelhantes para formarem uma molécula complexa de alto peso molecular.

O termo poliéster refere-se a um tipo de materiais que se obtém através de uma reação de condensação entre um poliálcool e um ácido policarboxílico.

Em 1902, Watson Smith obteve uma série de produtos resinosos que chamou de gliptais. O nome foi abandonado com o aparecimento do termo resina alquídica.

As resinas alquídicas, em particular as do tipo gliptal, são usadas para revestimentos superficiais.

A reação abaixo, mostra a obtenção de uma resina alquídica.

$$CH_2 - CH - CH_2 \;\; + \;\; \text{(anidrido ftálico)} \;\; \rightarrow \;\; -G-P-G-P-G-$$
$$\;\;\;|\;\;\;\;\;\;\;|\;\;\;\;\;\;\;|$$
$$OH\;\;OH\;\;OH$$

glicerol

Onde, G = glicerol
       P = ácido ftálico

III. MATERIAL E REAGENTES

Bico de Bunsen
Tela de amianto
Tripé de ferro
Bastão de vidro
Becker de 50 mℓ
Glicerina
Anidrido ftálico
Proveta
Almofariz
Vidro de relógio

IV. PROCEDIMENTO EXPERIMENTAL

1. Colocar 2,5 g de glicerina (aproximadamente 2 mℓ) em um Becker de 50 mℓ.
2. Adicionar 3,5 g de anidrido ftálico em pó. Não havendo o anidrido em pó, pulverizá-lo antes num almofariz.
3. Misturar bem com um bastão de vidro.
4. Cobrir o Becker com vidro de relógio.
5. Aquecer, **brandamente**, com uma chama bem pequena **(a resina é inflamável)**.
6. Manter o aquecimento até formarem-se bolhas grandes e a mistura entrar em ebulição.
7. Deixar a resina esfriar.
8. Qual o aspecto dessa resina? _____
_____

Complemento Opcional

9. Retirar a resina do recipiente e triturá-lo num almofariz.
10. Dissolver uma pequena parte dela com um solvente indicado pelo professor.
11. Espalhar uma parte dessa solução obtida sobre um pedaço de madeira ou metal e deixar secar.

Observar: _____
_____

V. QUESTIONÁRIO SOBRE A VERIFICAÇÃO EXPERIMENTAL

1. Sugerir uma aplicação para a resina obtida experimentalmente.
2. Pesquisar e citar três aplicações das resinas alquídicas.
3. O que são polímeros de condensação e de adição?

Anotações:

41 TESTE DE FEHLING

EXPERIÊNCIA N.º 41

I. OBJETIVOS

O teste de Fehling tem por finalidade, identificar se um açúcar é ou não redutor.

II. INTRODUÇÃO TEÓRICA

O reagente de Fehling contém $Cu(OH)_2$ que, em presença de um açúcar redutor, passa a Cu_2O (precipitado avermelhado ou amarelado).

Fehling A: contém $CuSO_4$
Fehling B: contém NaOH e

$$\underset{\text{Sal de Rochelle}}{\overset{O}{\underset{KO}{\overset{\|}{C}}} - \overset{H}{\underset{H}{C}} - \overset{H}{\underset{H}{C}} - \overset{O}{\underset{ONa}{\overset{\|}{C}}}}$$

Misturando-se A e B, temos a formação de $Cu(OH)_2$ e Na_2SO_4.
A presença do sal de Rochelle tem a finalidade de estabilizar o $Cu(OH)_2$.

$$CuSO_4 + 2\ NaOH \rightarrow Cu(OH)_2 + Na_2SO_4$$

O teste de Fehling consiste na identificação do grupo aldeído, através de sua oxidação a ácido.

$$\underset{\text{aldeído}}{R-\underset{H}{\overset{C=O}{|}}} + Cu(OH)_2 \rightarrow \underset{\text{ácido}}{R-\underset{OH}{\overset{C=O}{|}}} + Cu_2O$$

O teste não identifica grupos cetônicos, que não podem ser oxidados.

III. MATERIAL E REAGENTES

Tubos de ensaio
Pinça de madeira
Bico de Bunsen
Reagente de Fehling A (70 g de $CuSO_4 \cdot 5\ H_2O$ em 1 litro de solução).
Reagente de Fehling B (346 g de sal de Rochelle e 100 g de NaOH em 1 litro de solução).
Glicose
Sacarose
Lactose
Outros carboidratos

IV. PROCEDIMENTO EXPERIMENTAL

1. Preparar, em um tubo de ensaio, 5 ml de solução de Fehling misturando 2,5 ml de Fehling A e 2,5 ml de Fehling B.
2. Aquecer brandamente até a ebulição.
3. Preparar, em outro tubo de ensaio, uma solução de 0,1 g carboidrato em 2 ml de água destilada.
4. Misturar o conteúdo dos dois tubos e aquecer brandamente por dois minutos.
5. *Observar e anotar:* _____

_____

6. Repetir as operações anteriores para vários carboidratos.
7. Preencher a Tabela 41a.

Tabela 41a

CARBOIDRATO	REDUTOR	NÃO-REDUTOR
Glicose		
Sacarose		
Lactose		

V. QUESTIONÁRIO SOBRE A VERIFICAÇÃO EXPERIMENTAL

1. Escrever a equação ocorrida quando se misturam os reagentes Fehling A e Fehling B.
2. Escrever as equações das reações ocorridas entre o $Cu(OH)_2$ do reagente de Fehling e os açúcares redutores.

Anotações:

TESTE DE TOLLENS. ESPELHO DE PRATA

EXPERIÊNCIA N° 42

I. OBJETIVOS

Determinar experimentalmente se um açúcar é ou não redutor.
Aprender técnicas de laboratório para a confecção de um espelho de prata.

II. INTRODUÇÃO TEÓRICA

O teste de Tollens tem por finalidade, identificar se um açúcar é ou não redutor.

O reagente de Tollens é obtido, misturando-se soluções de nitrato de prata e de hidróxido de amônio. Nesta reação, ocorre a formação de $Ag(NH_3)_2$ OH e este, por sua vez, em presença de um açúcar redutor, provoca a formação de um espelhamento, devido a redução da prata. A reação abaixo, mostra a oxidação da glicose pelo reagente de Tollens.

$$\text{Glicose} + 2\,Ag(NH_3)_2\,OH \xrightarrow{\Delta} \text{ácido glicônico} + H_2O + 4\,NH_3\uparrow + 2\,Ag\degree$$

(hidróxido de diamin-prata)

III. MATERIAL E REAGENTES

Tubos de ensaio
Pinça de madeira
Bico de Bunsen
Soluções à 5% de: glicose ($C_6H_{12}O_6$), sacarose ($C_{12}H_{22}O_{11}$), lactose ($C_{12}H_{22}O_{11} \cdot H_2O$) e outros carboidratos
Solução à 1% de nitrato de prata ($AgNO_3$)
Solução à 10% de hidróxido de amônio (NH_4OH)

IV. PROCEDIMENTO EXPERIMENTAL

1. Misturar, em um tubo de ensaio, 1 mℓ de solução de $AgNO_3$ 1% e 1 mℓ de solução de NH_4OH 10%.
2. Adicionar 1 mℓ de solução de carboidrato à 5%.
3. Aquecer brandamente, sem agitar.

4. *Observar e anotar:* _____
_____
_____
_____
_____

5. Repetir o teste para outros carboidratos.
6. Preencher a Tabela 42a.

Tabela 42a

CARBOIDRATO	REDUTOR	NÃO-REDUTOR
Glicose		
Sacarose		
Lactose		

V. QUESTIONÁRIO SOBRE A VERIFICAÇÃO EXPERIMENTAL

1. Escrever a equação da reação entre o nitrato de prata e o hidróxido de amônio.
2. Escrever as equações das reações entre os açúcares redutores e o **reagente de Tollens**.

Anotações:

43 PREPARAÇÃO DO XAROPE DE MILHO

EXPERIÊNCIA Nº 43

I. OBJETIVOS

Preparar o xarope de milho através da hidrólise do amido com ácido clorídrico.

II. INTRODUÇÃO TEÓRICA

O amido é um polímero formado por várias unidades repetidas de glicose. O amido é uma forma de armazenamento da glicose, principalmente em raízes e tubérculos.

O amido sofre hidrólise, em meio ácido, produzindo glicose.

O xarope de milho é um líquido viscoso de cor clara e que pode ser obtido pela hidrólise ácida do amido de milho.

O xarope de milho é usado industrialmente para a fabricação de balas, pirulitos etc. É vendido comercialmente com o nome de **"mel de milho"**.

III. MATERIAL E REAGENTES

Becker de 250 mℓ
Tela de amianto
Bico de Bunsen
Bagueta de vidro
Papel indicador universal
Amido de milho
Ácido clorídrico concentrado
Solução de hidróxido de sódio (NaOH) 0,1 N

IV. PROCEDIMENTO EXPERIMENTAL

1. Colocar 10 g de amido de milho em um Becker de 250 mℓ.
2. Adicionar 50 mℓ de água destilada.
3. Adicionar 5 mℓ de ácido clorídrico concentrado.
4. Neutralizar com solução 0,1 N de NaOH até que obtenha um pH em torno de 5,0 (Testar com papel indicador).
5. Concentrar, por evaporação lenta, até que se obtenha um fluido bastante viscoso.

V. QUESTIONÁRIO SOBRE A VERIFICAÇÃO EXPERIMENTAL

1. Pesquisar a reação de hidrólise ácida do amido.

___
___
___
___

APÊNDICES

I. EXPERIÊNCIAS COMPLEMENTARES

1. DESORGANIZAÇÃO DA MATÉRIA

Na natureza, um sistema tende a progredir espontaneamente para uma situação de maior desordem, ou seja, para uma situação onde haja uma distribuição cada vez mais homogênea de energia e matéria.

O grau de desordem de um sistema, é representado pela grandeza denominada **entropia(s)**.

Quando ocorre um aumento de desordem de um sistema, temos um aumento de entropia e vice-versa.

Uma verificação simples do aumento de desordem (aumento de entropia) de um sistema pode ser feito através da ativação de uma placa de alumínio com uma solução de cloreto mercúrico.

Material e Reagentes

Placa de alumínio
Lixa
Solução concentrada de cloreto mercúrico – $HgCl_2$
Papel de filtro comum ou papel toalha

Procedimento Experimental

1. Limpar uma placa de alumínio. Lixar se for necessário.
2. Colocar sobre essa placa, solução de $HgCl_2$
3. Aguardar cinco minutos para que possa haver a formação de um depósito de mercúrio, que forma com o alumínio, uma amálgama.
4. Com o auxílio de um papel de filtro ou papel toalha, enxugar o excesso de solução.
5. Verificar a formação de uma camada ligeiramente espessa de hidróxido de alumínio que se forma com o contato da umidade do ar e cresce sobre a lâmina.

2. FATORES QUE ALTERAM A VELOCIDADE DE UMA REAÇÃO QUÍMICA

Entre os fatores que alteram a velocidade de uma reação química, podemos citar: temperatura, pressão, superfície de contato e concentração.

Estes fatores podem ser estudados através de uma experiência simples que consiste na dissolução de comprimidos de sonrisal em água.

Material e Reagentes

Comprimidos de Sonrisal ou Alka-Seltzer
Beckers de 250 ml
Cronômetro ou relógio com ponteiros de segundos.

Procedimento Experimental

1. Colocar 200 ml de água em um Becker de 250 ml
2. Adicionar um comprimido de Sonrisal e disparar o cronômetro.
3. Anotar o tempo (segundos) necessário para dissolver todo o comprimido.

   t = _____ segundos

Considerar esta experiência como padrão.

Efeito da Temperatura

1. Colocar 200 ml de água gelada em um Becker de 250 ml.
2. Adicionar um comprimido de sonrisal e disparar o cronômetro.
3. Anotar o tempo necessário para dissolver todo o comprimido.

   t = _____ segundos

Comparar com a experiência-padrão.

4. Colocar 200 mℓ de água em um Becker de 250 mℓ.
5. Colocar o Becker sobre uma tela de amianto e aquecer a água até a ebulição.
6. Retirar o Becker do fogo.
7. Adicionar um comprimido de sonrisal e disparar o cronômetro.
8. Anotar o tempo necessário para dissolver todo o comprimido.

t = _____ segundos
Comparar com a experiência-padrão

Efeito da Superfície de Contato

1. Triturar um comprimido de sonrisal num almofariz.
2. Colocar 200 mℓ de água em um Becker de 250 mℓ.
3. Adicionar o sonrisal triturado e disparar o cronômetro.
4. Anotar o tempo necessário para dissolver o comprimido.

t = _____ segundos
Comparar com a experiência-padrão.

Efeito da Pressão

1. Colocar 200 mℓ de água num Becker de 250 mℓ.
2. Adicionar um comprimido de sonrisal e fazer pressão, tapando o Becker com a palma da mão. Disparar simultaneamente o cronômetro.
3. Anotar o tempo necessário para dissolver todo comprimido.

t = _____ segundos
Comparar com a experiência-padrão.

Efeito da Concentração

1. Colocar 200 mℓ de água em um Becker de 250 mℓ.
2. Adicionar 2 comprimidos de sonrisal e disparar o cronômetro.
3. Anotar o tempo necessário para dissolver os comprimidos.

t = _____ segundos
Comparar com a experiência-padrão.

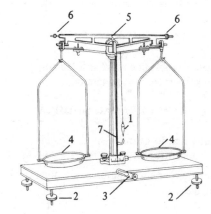

Figura II

1. Linha de prumo
2. Parafusos de nivelamento
3. Trava
4. Pratos
5. Barra
6. Porcas
7. Fiel

II. TÉCNICAS DE PESAGEM

1. BALANÇA ANALÍTICA DE BRAÇOS IGUAIS (Figura II)

Esta balança apresenta uma estrutura de madeira com uma porta de vidro para a colocação das massas a serem pesadas ou aferidas.

Essa estrutura de madeira é uma caixa de proteção da balança.

Este tipo de balança é pouco usado atualmente, porém as balanças analíticas modernas seguem os mesmos princípios desta balança.

Numa pesagem, ensaiamos forças a que estão submetidas os materiais, acrescentando-se num dos pratos, geralmente o direito, pequenos pesos até atingir o equilíbrio entre as duas forças resultantes referidas.

2. FIDELIDADE

Uma balança pode ser considerada fiel quando para os mesmos corpos, sendo ensaiados em operações distintas, acusem a mesma massa.

3. SENSIBILIDADE DE UMA BALANÇA

É dada pela oscilação do fiel devido a um excesso de peso pequeno em um dos pratos. É o valor "S" (número de divisões percorridas pelo fiel quando se acrescenta 1 mg num dos pratos).

Unidade de S = divisões/mg

A sensibilidade de uma balança reduz-se gradativamente à medida que a carga se eleva.

4. PRECISÃO DE UMA BALANÇA

Refere-se ao nível de erro absoluto que ela apresenta numa dada pesagem. Por exemplo, se pudermos apresentar corretamente o resultado de uma pesagem numa dada balança igual a 101,267g, dizemos que a precisão desta balança vai até 0,01 g.

5. TÉCNICAS PARA UMA PESAGEM

a) Verificar se não há pesos nos pratos.
b) Destravar a balança e verificar se ela apresenta suas oscilações normais.
c) Travar e colocar a massa problema no prato à esquerda.
d) No outro prato, ensaiar os massores em ordem decrescente, como no seguinte exemplo:

Massas ensaiadas	Resultado	Massas conservadas no prato
500	muito	---
200	pouco	200
100	pouco	100
100	muito	---
50	muito	---
20	pouco	20
10	etc. até a massa menor	

e) Travar e descarregar o corpo de prova e os massores.
f) Fechar a balança.

Estas técnicas valem também para as balanças analíticas modernas, com as devidas adaptações. Valem também para os demais tipos de balanças usadas em laboratórios.

6. RECOMENDAÇÕES GERAIS PARA O USO DE BALANÇAS

a) As balanças, principalmente as balanças analíticas, necessitam não só de local próprio para sua instalação, mas também, muito cuidado na sua manipulação.
b) A balança deve ocupar um lugar que a proteja de vibrações, de grandes variações térmicas e também de fumaça e gases corrosivos.
c) O operador de uma balança é responsável pela conservação da limpeza da mesma e seus arredores.
d) Durante o tempo em que a balança não estiver sendo utilizada, sua porta deve permanecer fechada para evitar danificações através de pó e gases corrosivos.
e) Nunca deve-se pôr em contato os pratos ou massas aferidos com objetos quentes, úmidos ou substâncias líquidas.

Todas essas substâncias devem ser pesadas em recipientes apropriados para não danificar os pratos. Os recipientes mais indicados são: pesa-filtros, vidro de relógio, cadinhos e, em casos especiais pequenos Erlenmeyer (50 ou 100 mℓ).

Deve-se ter cuidados especiais com substâncias corrosivas ou voláteis, que devem ser pesadas em recipientes fechados.

f) A temperatura dos objetos a serem pesados, deve estar em equilíbrio com a balança. Se a temperatura for maior, as correntes de ar que se formam fazem obter um resultado menor que o real e, se a temperatura for menor, há condensações da umidade.
g) O travamento e destravamento de uma balança devem ser realizados lenta e cuidadosamente, para evitar danos à balança.

7. OUTROS TIPOS DE BALANÇAS USADOS EM LABORATÓRIO

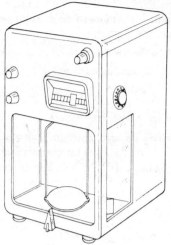

Balança Analítica Elétrica

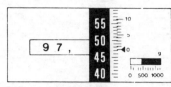

Leitura 97,472 g

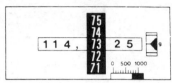

114,7325 g

Dois tipos de escala de balança analítica elétrica

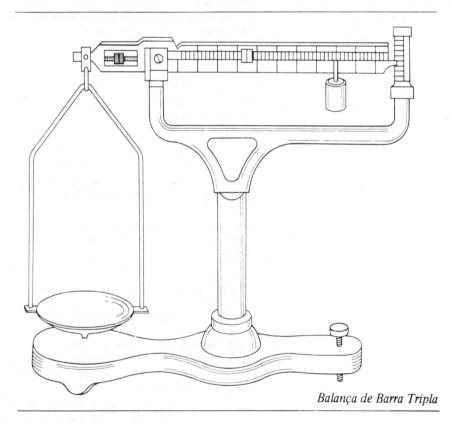

Balança de Barra Tripla

Balança de Plataforma

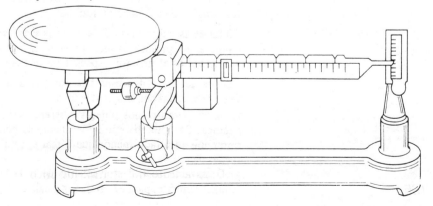

III. FÓRMULAS E EQUAÇÕES QUÍMICAS

1. OBJETIVOS

Desenvolver técnicas de escrever fórmulas e equações químicas.
Fixar o nome de alguns dos cátions e ânions mais usuais.

2. INTRODUÇÃO TEÓRICA

Chamando-se de X, um elemento eletropositivo de valência (+a) e de Y um elemento ou radical eletronegativo de valência (-b). Quando X e Y formarem um composto químico, teremos a seguinte fórmula, para este composto:

$$X_b \quad Y_a$$

Quando possível, *a* e *b* devem ser simplificados

Exemplos

Na^+
cátion sódio →   NaI iodeto de sódio
I^-
iodeto

H^+
$C\ell^-$ → $HC\ell$ ácido clorídrico
cloreto

Ca^{++}
cátion cálcio $Ca(OH)_2$ hidróxido de cálcio
OH^-

Ba^{++}
cátion bário
$(PO_4)^{---}$
fosfato → $Ba_3(PO_4)_2$ fosfato de bário

Mg^{++}
cátion magnésio
SO_4^{--} $Mg_2(SO_4)_2$ simplificando →
sulfato → $MgSO_4$ sulfato de magnésio

Observar que o número de cargas positivas num composto, é igual ao número de cargas negativas.

3. PROCEDIMENTO

Cada quadro deve ser completado com a fórmula e o nome do composto resultante quando o cátion da esquerda se combina com o ânion acima.
(Vide Tabela IIIa, na página seguinte.)

4. QUESTIONÁRIO

1. Escrever as equações das seguintes reações, dando o nome dos compostos formados:

a) Cálcio + Nitrogênio →
b) Ferro + oxigênio → óxido de ferro III
c) Lítio + ácido sulfúrico →
d) Zinco + Nitrato de mercúrio II →
e) Hidróxido de níquel + Ácido nítrico →
f) Óxido de alumínio + Ácido iodídrico →
g) Hidróxido de sódio + Cloreto férrico →

Tabela IIIa

	OH⁻	Br⁻	SO₄⁻⁻	CO₃⁻⁻	NO₃⁻	S⁻⁻	PO₄⁻⁻⁻
H⁺							
K⁺	KOH hidróxido de potássio						
NH₄⁺							
Hg₂⁺⁺							
Hg⁺⁺							
Zn⁺⁺							
Cu⁺⁺							
Fe⁺⁺							
Fe⁺⁺⁺							
Aℓ⁺⁺⁺							

IV. MATERIAL DE PRIMEIROS SOCORROS

1. CORTES

1.1. Um vidro de merthiolate.
1.2. Um rolo de gaze.
1.3. Um pacote de algodão.
1.4. Um rolo de esparadrapo.

2. QUEIMADURAS

2.1. Pomada Paraqueimol.
2.2. Pomada Picrato de Butesin.
2.3. Pode ser usada, ainda uma solução de ácido pícrico.
2.4. Solução de bicarbonato de sódio ($NaHCO_3$) à 5% para queimaduras com ácidos.
2.5. Álcool etílico para queimaduras com fenol.

3. OLHOS

3.1. Loção ocular de borato de sódio composto.
3.2. Pode ser usada ainda, uma solução de borato de sódio (Na_3BO_3) à 3%

4. VENENOS

4.1. *Antídoto Universal* (para envenenamentos em geral)

Este antídoto prepara-se da seguinte maneira:

2 partes de carvão ativo
1 parte de óxido de magnésio
1 parte de ácido tânico

Este material deve ser conservado seco até o seu uso.
Em caso de ingestão de veneno, dar uma colher de sopa em meio copo de água morna.

V. PROPRIEDADES ESPECÍFICAS DE ALGUMAS SUBSTÂNCIAS

SUBSTÂNCIA	DENSIDADE (g/mℓ) (a 20°C)	P.F.(°C)	P.E. (°C)
CO	0,0012	−207	−192
O_2	0,0013	−219	−183
CO_2	0,0018	−56	
H_2O	1,00	0	100
Naftaleno	1,15	80	218
Magnésio	1,74	650	1120
NaCℓ	2,16	808	1465
Ferro	7,86	1535	2800
Chumbo	11,34	328	1620

Todos os dados são para pressão de 1 atm, exceto para o CO_2 cujo P.F. foi medido a 5 atm.

A pressão de 1 atm o CO_2 sólido transforma-se diretamente em gás, a -78,5, sem formação de líquido.

(Tabela extraída do livro *Chemical Systems and Investigation Chemical Systems*: Mc-Graw Hill Book Company – 1964.)

VI. PRESSÃO DE VAPOR DA ÁGUA EM DIFERENTES TEMPERATURAS

Temperatura (ºC)	Pressão de vapor (mm Hg)	Temperatura	Pressão de vapor (mm Hg)
0	4,58	29	30,04
5	6,54	30	31,82
10	9,21	31	33,70
11	9,84	32	35,66
12	10,52	33	37,73
13	11,23	34	39,90
14	11,99	35	42,18
15	12,79	40	55,32
16	13,63	45	71,88
17	14,53	50	92,51
18	15,48	55	118,04
19	16,48	60	149,38
20	17,54	65	187,54
21	18,65	70	233,70
22	19,83	75	289,10
23	21,07	80	355,10
24	22,38	85	433,60
25	23,76	90	525,80
26	25,21	95	633,90
27	26,74	100	760,00
28	28,35	150	3.570,50

(Tabela extraída do *Manual de Laboratório de Química General*: Smith, W.T.; Wood, J. H.; Harper and Row Publishers Inc.; Madrid 1970.)

VII. TABELA DE ALGUNS FATORES DE CONVERSÃO

Massa	1 Kg = 1000 g 1 mol de gás nas C.N.T.P. = 22,4 litros
Energia	1 Kcal = 1000 cal = $4,18 \times 10^3$ Joule
Pressão	1 atm = 760 mm Hg
Volume	1 litro = 1000 mℓ = 1000 cm^3
Constante dos gases ideais	$R = 0,082 \dfrac{atm. \ell}{mol. K}$ $R = 62,3 \dfrac{mm Hg. \ell}{mol. K}$
Número de avogadro	1 mol = 6,02 . 10^{23}
Temperatura	0 ºC = 273 K

VIII. SOLUBILIDADE EM ÁGUA DE ALGUNS GASES, A 20°C

GÁS		Solubilidade (gramas de gás por 100 gramas de água)
Amônia	NH_3	53,1
Brometo de hidrogênio	HBr	198,0
Cloreto de hidrogênio	HCl	72,1
Dióxido de enxofre	SO_2	11,3
Dióxido de carbono	CO_2	0,169
Hidrogenio	H_2	$1,60 \times 10^{-4}$
Nitrogênio	N_2	$1,90 \times 10^{-3}$
Oxigênio	O_2	$4,34 \times 10^{-3}$
Sulfeto de hidrogênio	H_2S	0,385

(Tabela extraída do livro *Reações Químicas* – Maria Helena Côncio - Livraria Almedina Editora – Coimbra – 1975.)

IX. SOLUBILIDADE DE ALGUNS SAIS

Sais Solúveis

SAIS	EXCEÇÕES
Permanganatos Nitratos Cloratos	
Nitritos Acetatos	Ag^+ (pouco solúveis)
Brometos Cloretos	$HgBr_2$ (pouco solúvel) Ag^+, Hg_2^{++}, Pb^{++} (insolúveis)
Iodetos	$Ag^+, Hg_2^{++}, Hg^{++}, Pb^{++}, Bi^{+++}, Sn^{++}$ (insolúveis)
Sulfatos	Ca^{++}, Ag^+ (pouco solúveis) $Pb^{++}, Ba^{++}, Sr^{++}$, (insolúveis)

Sais Insolúveis

SAIS	EXCEÇÕES
Fluoretos	Ag^+, NH_4^+ e alcalinos
Sulfetos	NH_4^+, alcalinos e alcalino-terrosos
Fosfatos Sulfitos Boratos Ferrocianetos Ferricianetos Carbonatos Cianetos	NH_4^+ e alcalinos

X. PREPARAÇÃO DE ALGUMAS SOLUÇÕES

1. SOLUÇÃO DE METILORANGE

Dissolver 0,2 g de metilorange [$(CH_3)_2NC_6H_4N:NC_6H_4SO_3Na$] em água quente.
Deixar resfriar e filtrar se for necessário.
Diluir com água até 100 mℓ.

2. SOLUÇÃO DE FENOLFTALEÍNA

Dissolver 1 g de fenolftaleína [$C_6H_4COO.C(C_6H_4OH)_2$] em 60 mℓ de álcool etílico.
Diluir com água até 100 mℓ.

3. SOLUÇÃO DE VERMELHO DE METILA

Dissolver 0,2 g de vermelho de metila [$HOOC._6H_4H:N.C_6H_4N(CH_3)_2$] em 60 mℓ de álcool etílico.
Diluir com água até 100 mℓ.

4. ÁGUA DE CAL

Colocar aproximadamente 5 g de óxido de cálcio (CaO) em 20 mℓ de água.
Adicionar 1 litro de água e deixar saturar.
Filtrar na hora do uso.

5. ÁGUA DE BARITA

Saturar 100 mℓ de água (isenta de gás carbônico) com aproximadamente 7 g de hidróxido de bário.
Deixar decantar durante uma noite e transferir a solução da superfície para outro recipiente, através de sifonação.

6. ÁGUA DE BROMO

Medir com uma pipeta 3 mℓ de bromo líquido para um balão volumétrico de 250 mℓ
Completar o volume para 250 mℓ com água destilada.

Observações:

a) O bromo é muito tóxico, por isso deve ser manipulado, com muito cuidado, no interior da capela.
b) O bromo é vendido comercialmente, em ampolas.

Para a preparação das demais soluções (em caso de dúvida) deve-se consultar o *Manual de Soluções e Reagentes*, de Rosely Assumpção e Tokio Morita — Editora Edgard Blucher Ltda.

CLASSIFICAÇÃO PERIÓDICA DOS ELEMENTOS
COM MASSAS ATÔMICAS REFERIDAS AO ISÓTOPO 12 DO CARBONO

REFERÊNCIAS BIBLIOGRÁFICAS

Maclellan, C. R.; *A Laboratory Manual for Experimental General Chemistry;* F.A. Davis Company; New York; 1967.

Malm, L. E.; *Manual de Laboratório para Química uma Ciência Experimental;* Fundação Calouste Gulbenkian; Lisboa; 1963.

O'Connor, P. R.; *Manual de Laboratório para Química: Teorias e Experimentos;* Editorial Reverté S.A.; Barcelona; 1975.

Amaral, L.; *Trabalhos Práticos de Química;* Livraria Nobel S.A.; São Paulo; 1975.

Mellor, J. W.; *Química Inorgânica Moderna;* Editora Globo S.A.; Porto Alegre; 1967.

Morita, T.; *Assumpção*, R. M. V.; *Manual de Soluções, Reagentes e Solventes;* Editora Edgard Blucher Ltda.; São Paulo; 1972.

C. B. A.; *Chemical Systems and Investigation Chemical Systems;* Webster Division; Mc-Graw Hill Book Company; Indiana; 1964.

Cotton, F. A.; *Lynch*, L. D.; *Curso de Química;* Forum Editora; São Paulo; 1965.

Chemical Education Material Study; *Chemical and Experimental Science;* University of California; 1963.

Vogel, A. I.; *A Textbook of Practical Organic Chemistry;* Longmans Green and Co. Ltd.; Londres; 1966.

Nehmi, V. A.; *Química Inorgânica – Metais e Não - Metais;* Editora Átomo; São Paulo; 1979.

Santos, E. R.; *Técnica Química de Laboratório;* Editorial Gustavo Gili S.A.; Barcelona; 1964.

Grubitsch, H.; *Química Inorgânica Experimental;* Aguilar S.A.; Madrid; 1959.

Vogel, A. I.; *A Textbook of Qualitative Chemical Analysis;* Longmans Green and Co; Londres; 1969.

Alexeiev, V. N.; *Semimicroanalisis Químico Qualitativo;* Editorial Mir; Moscou; 1975.

Semishin; V.; *Practicas de Química General Inorgânica;* Editorial Mir; Moscou; 1967.

Boikess; R.; *Morss,* L. R.; *Chemical Principles in the Laboratory;* Harper and Row Publishers; New York; 1978.

Miles, D. C.; *Briston,* J. H.; *Tecnologia dos Polímeros;* Editora Polígono S.A.; São Paulo; 1975.

Fridenberg, E.; *Laboratory Experimental in General Chemistry;* Moscou; Editorial Mir; 1974.

Sienko, M. J.; *Plane,* R. A.; *Química;* Companhia Editora Nacional; São Paulo; 1977.

Shaw, D. J.; *Introdução à Química dos Colóides e de Superfícies;* Editora Edgard Blucher Ltda.; São Paulo; 1975.

Wilson, J. M. e outros; *Practicas de Química Física;* Editorial Acribia; Zaragoza; 1965.

Moore, W. J.; *Físico-Química;* Editora Edgard Blucher Ltda.; São Paulo; 1976.

Krauledat, W. G.; *Notação e Nomenclatura de Química Inorgânica;* Editora Edgard Blucher Ltda.; 1970; São Paulo.

Kokes, R. J.; *Andrews,* D. H.; *Fundamental Chemistry;* John Wiley and Sons, INC.; New York; 1965.

Thomas, A. H.; *Apparatus and Reagents;* Arthur Thomas Company; Philadelphia; 1965.

Kokes, R. J.; *Andrews,* D. H.; *Laboratory Manual for Fundamental Chemistry;* John Wiley and Sons, INC.; New York; 1965.

Williams, A. L.; *Introductión to Laboratory Chemistry General;* Addison Wesley Publishing Company, INC.; Califórnia; 1970.

Smith, W. T.; *Wood,* J. H.; *Manual de Laboratório de Química;* Harper and Row Publishers, INC.; Madrid; 1970.

Ohlweiller, O. A.; *Química Analítica Quantitativa;* Livros Técnicos e Científicos S.A.; Rio de Janeiro; 1974.

Oliveira, P. W.; *Segurança em Laboratórios Químicos;* Serviço Social da Indústria — SESI; São Paulo; 1975.

Anderson C. B.; *Hawen,* J. L., *Basic Experimental Chemistry;* Ed. W. A. Benjamin, Inc; New York, 1967.